Benedikt Peters

Das Buch Prediger

W0329711

Benedikt Peters

Das Buch Prediger

„Sphinx“ der hebräischen Literatur

Bibeltexte zitiert nach der Elberfelder Bibel (unrevidiert)
bzw. Übersetzung des Autors.

Peters, Benedikt:
Das Buch Prediger
»Sphinx« der hebräischen Literatur

ISBN 3-89436-264-2

© Copyright 2000: Christliche Verlagsgesellschaft, Dillenburg

Satz: CV Dillenburg
Umschlaggestaltung: Eberhard Platte, Wuppertal
Druck und Bindung: Ebner Ulm

Printed in Germany

Inhalt

Einführung 8
Das Thema des Buches 8
Das Motto des Buches 12
Ein pessimistisches Buch? 13
Eine Einteilung 15
Eitelkeit und Haschen nach Wind 16
Das Geheimnis des Glücks 17
Zusammenfassung 18
Das Leben und das Ende des Verfassers 19
Salomos Geburt und Jugend 19
Salomos Weisheit 20
Salomos tiefer Fall 23
Die Zuchtrute des Bundes 24
Salomos Ende 25

Kapitel 1 28
Eine Einleitung des Buches (1,1-11) 28
a) der Autor (1,1) 28
b) das Ergebnis seiner Untersuchungen (1,2-11) 30
1. Studieren und Probieren (1,12 - 2,11) 42
a) Studieren: die theoretische Methode (1,12-18) 42

Kapitel 2 47
b) Probieren: die empirische Methode (2,1-10) 47
c) *Ergebnis (2,11)* 50
2. Weisheit und Torheit (2,12-26) 52
a) Der relative Vorzug der Weisheit vor der Torheit (2,12-17) 53
b) Heilsame Ernüchterung (2,17-23) 55
c) Ergebnis (2,24-26) 57

Kapitel 3 62
3. Zeit und Ewigkeit (3,1-22) 62
a) Taten und Begegnisse des Menschen haben ihre bestimmte Zeit (3,1-8) 62

b) Der ewige Gott hat die Ewigkeit in unsere Herzen gelegt (3,9-15) . . . 64
c) Ohne Beziehung zur Ewigkeit bleibt alles in der Zeit eitel (3,16-21) . . . 68
d) Ergebnis: Sich in der Zeit an seinem Teil freuen (3,22) . . . 71

Kapitel 4 . . . 72
4. Bedrücker und Bedrückte (4,1 - 5,19) . . . 72
a) Bedrückung und Hoffnungslosigkeit (4,1-3) . . . 73
b) Ehrgeiz und Schlendrian (4,4-6) . . . 76
c) Einsamkeit und Gemeinschaft (4,7-12) . . . 77
d) Es ist keine Veränderung des üblen Zustandes zu erwarten (4,13-16) . . . 79

Kapitel 5 . . . 81
e) Der einzige Ausweg: Es ist über uns ein Gott im Himmel (4,17 - 5,8) . . . 81
f) Eitelkeit des Reichtums (5,9-16) . . . 85
g) Ergebnis (5,17-19) . . . 88

Kapitel 6 . . . 89
5. Anfang und Ende (6,1 - 7,14) . . . 89
a) Ein guter Anfang mit schlechtem Ende ist Eitelkeit (6,1-6) . . . 90
b) Die Eitelkeit alles Zeitlichen (6,7-9) . . . 92
c) Unabänderlichkeit allen zeitlichen Geschehens (6,10-12) . . . 93

Kapitel 7 . . . 96
d) Besser das Ende einer Sache als ihr Anfang (7,1-9) . . . 96
e) Das Leben nach der Beurteilung des Weisen (7,10-12) . 101
f) Ergebnis (7,13-14) . . . 103
6. Vermessenheit und Bescheidenheit (7,15 - 8,15) . . . 104
a) Die Gottesfurcht lehrt Selbstbescheidung (7,15-18) . . 105
b) Weise ist, wer sich selbst verurteilt (7,19-22) . . . 108
c) Keiner hat Macht, weise zu werden (7,23-25) . . . 109
d) Der gefallene Mensch in den Stricken der Sünde (7,26-29) . . . 110

Kapitel 8 114
e) Der Weise fügt sich dem ihm Verfügten (8,1-9) 114
f) Die Furcht des HERRN ist zum Leben (8,10-14) 119
g) Ergebnis (8,15) 121
7. Fügung und Entscheidung (8,16 - 9,10) 121
a) Gottes Werke sind für uns unabsehbar (8,16-17) 122

Kapitel 9 122
b) Wir sind gegenüber Gottes Fügungen machtlos (9,1-3) . 122
c) Solange wir leben, ist noch Hoffnung (9,4-6) 124
d) Rat (9,7-10) 126
8. Hilflosigkeiten und Unwägbarkeiten (9,11-11,8) 127
a) Zeit und Ende trifft uns alle (9,11-12) 127
b) Die Weisheit des Armen wird verachtet (9,13-18) 139

Kapitel 10 133
c) Weisheit, in einer verkehrten und schwierigen Welt zu leben (10,1-11) 133
d) Der Weise und der Tor (10,12-15) 137
e) Gute und schlechte Regierung (10,16-20) 139

Kapitel 11 142
f) Leben im Glauben, säen auf Hoffnung (11,1-6) 142
g) Rat (11,7-8) 147
9. Jugend und Alter (11,9 - 12,8) 148
a) Rat (11,9) 148
b) Gedenke deines Schöpfers in den Tagen deiner Jugend (11,10 - 12,8) 149

Kapitel 12 151
Schlusswort (12,9-14) 155

Personenregister 160

Das Buch Prediger

Einführung

> »Das Buch Prediger hat der Gemeinde Gottes in außergewöhnlicher Weise zu denken aufgegeben. Viele gelehrte Männer haben nicht gezögert, es unter die schwierigsten Bücher des Kanons zu zählen ... Aber mit all seinen Schwierigkeiten, müssen wir doch bekennen, dass das Buch voll praktischen Interesses ist. Es lehrt uns Lektionen, die wir nur in ihm bekommen – Lektionen, die zu lernen wir träge sind, aber die wir zu unserem persönlichen Wohl und Glück dennoch lernen müssen. Sie sind entscheidend als Vorbereitungen auf den Genuss des Evangeliums. Seine Nachbarschaft zum Hohenlied veranschaulicht einen feinen, doch augenfälligen Gegensatz zwischen dem Ungenügen alles Geschaffenen und der Genügsamkeit des Retters. Was für einen Anreiz, nach der wahren und vollen Erkenntnis Christi zu streben, bildet doch das Überführtsein von der Nichtigkeit aller anderen Dinge ohne ihn. Trinken und ‹wiederum dürsten› ist die Enttäuschung der Welt. Trinken und ‹nicht dürsten in Ewigkeit› ist das Teil, das uns im Evangelium bereitet ist.« (Charles Bridges: Ecclesiastes)

Der Prediger, das zweite von Salomo geschriebene Buch, ist »die Sphinx der hebräischen Literatur« genannt worden; denn wie jenes Fabelwesen den Bewohnern von Theben rätselhafte Fragen stellte, gibt der Prediger dem Leser einige Rätsel auf; und das nicht nur, weil es Fragen stellt, die der Mensch nicht zu beantworten vermag (1,3; 2,12.25; 3,21; 6,11; 7,24), sondern auch, weil es Aussagen enthält, die manchen gläubigen Leser verwirrt haben (2,24; 3,19; 4,2.3; 9,5.10; 12,7).

Das Thema des Buches

Das Thema des Buches ist Weisheit; das Wort »Weisheit« oder »weise« kommt 49-mal vor. Man hat auf Grund einiger anstößig erscheinenden Aussagen gemeint, es handle sich dabei nur um menschliche, nicht aber göttliche Weisheit. Diese Meinung lässt sich schwerlich rechtfertigen, wie einmal die vom Autor des Buches selbst gezogene Summe all seiner Erörterung zeigt; aber auch die im ganzen Buch wiederholt aufscheinende Definition von Weisheit macht allem Zweifel ein Ende. Wie das von Salomo zuvor geschriebene Buch der Sprüche lehrt auch dieses Buch göttliche Weisheit. Folgende Stellen belegen das eindeutig:

> *»Ich habe erkannt, dass alles, was Gott tut, für ewig sein wird. Es ist ihm nichts hinzuzufügen, und nichts davon wegzunehmen; und Gott hat es also gemacht, damit man sich vor ihm fürchte«* (3,14).

> *»Denn bei vielen Träumen und Worten sind auch viele Eitelkeiten. Vielmehr fürchte Gott«* (5,7).

> *»Es ist gut, dass du an diesem festhältst und auch von jenem deine Hand nicht abziehst; denn der Gottesfürchtige entgeht dem allen«* (7,18).

> *»Weil das Urteil über böse Taten nicht schnell vollzogen wird, darum ist das Herz der Menschenkinder in ihnen voll, Böses zu tun; weil ein Sünder hundertmal Böses tut und doch seine Tage verlängert – obgleich ich weiß, dass es denen die Gott fürchten, wohlgehen wird, weil sie sich vor ihm fürchten – aber dem Gesetzlosen wird es nicht wohlgehen, und er wird, dem Schatten gleich, seine Tage nicht verlängern, weil er sich vor Gott nicht fürchtet«* (8,11-13).

Am Ende seiner Ausführungen über Gott und die Welt fasst Salomo zusammen:

> *»Das Endergebnis des Ganzen lasst uns hören: Fürchte Gott und halte seine Gebote; denn das ist der ganze Mensch«* (12,13).

Wie im Buch der Sprüche, so erfahren wir im Buch Prediger, dass Weisheit damit beginnt, dass man Gott fürchtet (Spr 9,10). Die Gottesfurcht wächst aus der Erkenntnis,

- dass Gott alles erschaffen hat (3,11,14; 7,13,14; 1,1,7);
- dass der Mensch darum in all seinem Tun und Lassen von Gott abhängig ist (2,24,25; 3,13; 5,19; 6,2; 9,1);
- dass Gott eines Tages den Menschen richten wird (5,6,8; 8,11-13; 11,9; 12,14).

Der Prediger bestätigt überdies Aussagen aus den übrigen Büchern der Weisheit, aus Hiob, Psalmen und Sprüche, und dass diese nicht menschliche, sondern göttliche Weisheit lehren, hat kaum ein gläubiger Bibelleser je in Frage gestellt:

1,2	Ps 39,6f; 89,48
1,8a	Ps 90,10
1,8b	Spr 27,20; 30,15
2,16	Ps 49,10
2,26	Hi 20,18; Spr 8,35; 13,22
3,4	Ps 30,4, 5, 11
3,18	Ps 49,12; 73,22; 92,6; Spr 12,1; 30,2
3,20	Ps 90,3
4,5	Spr 6,10,11
4,6	Spr 15,16; 30,7-9
4,13	Spr 26,12
5,2	Spr 10,19; 20,25
5,3	Spr 10,19; 15,2
5,8	Hi 21,22; Spr 22,22,23
5,10	Hi 13,5; Spr 23,4
5,12	Spr 3,24
5,13	Spr 1,19
5,15	Hi 1,21
6,2	Hi 20,18; Spr 5,10
6,9	Spr 17,24
6,10	Hi 36,23
6,12	Ps 4,6; 39,6; 90,10
7,1	Spr 22,1
7,3	Spr 14,13
7,7	Spr 17,23
7,8	Spr 20,21
7,9	Spr 12,16
7,12	Spr 3,16
7,14	Hi 2,10
7,15	Hi 21,7; Ps 73,3
7,16	Spr 30,7-9
7,19	Spr 24,5
7,20	Ps 14,3
7,21	Ps 38,13
7,26	Spr 5,4; 7,22; 22,14; 23,27
7,28	Hi 33,23; Spr 31,10
8,1	Spr 26,12
8,2-4	Spr 24,21
8,8	Spr 10,2
8,11	Hi 35,14,15
8,12	Ps 128,1,2
8,14	Ps 73,3; Hi 21,7
9,2	Hi 9,22
9,3	Hi 21,24-26
9,9	Spr 5,18
9,15	Spr 16,14
9,16	Spr 24,5
9,17	Spr 1,6
9,18	Spr 24,5,6
10,2	Spr 4,23
10,3	Spr 14,33
10,4	Spr 14,30
10,7	Spr 30,22
10,8	Ps 7,5; Spr 26,27
10,12	Spr 10,11
10,17	Spr 29.4
10,18	Spr 6,10; 24,30-34
10,19	Ps 104,15
11,1,2	Spr 11,24,25; 21,26
11,3	Hi 14,7-10,12
11,5	Ps 139,15
11,6	Spr 11,24
11,8	Hi 10,21; Ps 88,12
12,7	Ps 90,3
12,10	Spr 16,21,23
12,11	Spr 25,1
12,12	Spr 1,6
12,13	Spr 1,7; 9,10

Sodann werden Wahrheiten des Buches Prediger durch den Herrn und durch die Apostel wiederholt bestätigt:

1,3	Mt 16,26
1,8	Apg 17,21
2,18	Lk 12,20
2,24	Apg 2,46
4,13	Jak 3,17
5,1	1Tim 3,15
5,2	Jak 1,19
5,7	Mt 6,7
5,10	1Tim 6,9,10
5,15	1Tim 6,6,7
5,19	1Tim 6,17
6,3	Mt 26,24
6,5	Offb 14,11
6,7	Mt 4,4; Joh 6,35
7,2,3	Mt 5,4; Lk 6,25; Jak 4,9; 5,1
7,5	Mt 11,20; 23,13-19
7,9	Jak 1,19
7,20	Röm 3,12; 1Jo 1,8
8,2	Röm 13,1; 1Petr 2,17
8,5	Röm 13,3
8,8	Joh 3,8
8,11	Röm 2,4
8,17	1Kor 3,14
9,3	Mt 15,19
9,11	Röm 9,16
9,12	Lk 21,35
9,18	1Kor 5,6
10,1	1Kor 5,6; Gal 5,9
10,2,3	2Tim 3,9
11,1,2	Gal 6,9; 2Tim 4,2; 2Kor 9,6
11,5	Joh 3,8
11,6	2Kor 9,6
11,9	2Kor 5,10
12,14	1Kor 4,5; 2Kor 5,10

Es finden sich auch eine ganze Reihe von Stellen, die auf die Mosebücher und auf die Propheten Bezug nehmen.

Lehrt nun das Buch Prediger die gleiche Art Weisheit wie das Buch der Sprüche, wiederholt es dann die Lehre der Sprüche? Nicht ganz. Der Unterschied ist folgender:

- Das Buch der Sprüche lehrt die Weisheit, die wir brauchen, um unseren Weg bis ans Ziel sicher zu gehen.

- Der Prediger hingegen lehrt mich göttliche Weisheit für mein Leben auf der Erde.

Der von C. H. Spurgeon oft gerühmte baptistische Bibelausleger John Gill (1697-1771) fasst zusammen:

> »Absicht und Zweck des Buches bestehen darin, uns die Eitelkeit aller weltlichen Genüsse zu zeigen; zu zeigen, dass das Glück eines Menschen nicht in irdischer Weisheit oder Erkenntnis liegt, noch auch in weltlichen Reichtümern, noch in öffentlicher Ehre oder Gewalt, noch auch in den Äußerlichkeiten der Religion, sondern in der Furcht und im Dienst Gottes. Das Buch ermuntert den Menschen, die guten Gaben des Lebens frei zu genießen und Gott dafür zu danken, sich freudig den göttlichen Schickungen zu fügen, auch wenn sie uns wenig lieb sind, Gott zu fürchten und den König zu ehren, den Behörden zu gehorchen und den Armen Gutes zu tun; mit unserem Auge auf das Jenseits gerichtet zu leben und des Gerichtes Gottes eingedenk zu sein sowie manche andere nützliche Dinge.«

Das Motto des Buches

Man könnte als Motto folgende Frage über den »Prediger« stellen:

> **»Wer weiß, was gut ist im Leben?«** (6,11).

Die Frage wird durch den Prediger gründlich, ausführlich und einleuchtend beantwortet.

In den eitlen Jahren unserer irdischen Existenz – sie währt siebzig, und wenn's hoch kommt achtzig Jahre (Ps 90,10) – haben wir es mit Dingen wie Familie, Liebe, Arbeit, Bildung, Kunst, Politik, Kleidung, Essen und Trinken usw. zu tun. Keiner von uns kann sich dem entziehen. Wie nun sollen wir mit diesen Dingen umgehen, solange sie währen? Welcher Stellenwert kommt ihnen zu? Wir sollen weder Asketen noch Fresser und Säufer sein. Gott reicht uns alles Genannte zum Genuss dar. Wie aber können wir genießen, ohne dass diese Dinge uns beherrschen, sondern vielmehr wir sie und Gott uns beherrscht? Darauf gibt dieses Buch willkommene Auskunft. Und diese ist – ich wiederhole – nicht von menschlicher, sondern von göttlicher Weisheit inspiriert. Als letzten Beleg dafür lassen wir den Verfasser einmal mehr zu uns sprechen:

> **»Und über dem, dass der Prediger weise war, lehrte er noch das Volk Erkenntnis und erwog und forschte, verfasste viele Sprüche. Der Prediger suchte angenehme Worte zu finden; und das Geschriebene ist richtig, Worte der Wahrheit, die Worte der Weisen sind wir Treibstacheln, und wie eingeschlagene Nägel die gesammelten Sprüche; sie sind gegeben von einem Hirten«** (12,9-11).

Dieser »eine Hirte« ist unser Herr Jesus Christus. Er hat dem Salomo die Weisheit gegeben, dieses Buch zu schreiben, und er hat ihm die Worte eingegeben.

Ein pessimistisches Buch?

Es wird zuweilen gesagt, das Buch sei pessimistisch, und man verweist auf den wiederholten Ausruf, alles sei eitel (1,2); der Weise sei nicht besser dran als der Tor (2,16); und die Toten seien mehr zu preisen als die Lebenden, und am meisten von allen jene, die noch nicht geboren sind (4,2,3).

Aber der Schein trügt; das Buch ist nicht pessimistisch. Wie ein Kehrreim geht durch das ganze Buch vielmehr die Aufforderung, sich zu freuen. Ich habe das Buch sogar nach diesen wiederholten Verweisen auf die Freude eingeteilt.

Wie ist dieser scheinbare Widerspruch zu erklären? Es ist wahr, dass alles eitel und ein Haschen nach Wind ist, solange wir den Schöpfer aus unserem Tun ausklammern. Bleiben wir auf die sinnlich wahrnehmbare Welt beschränkt, auf das, was »unter der Sonne« ist – der Ausdruck kommt 29-mal vor –, ist in der Tat das Leben eine eitle Jagerei nach sinnlosen Dingen.

Der deutsche Lyriker Nikolaus Lenau (1823-1850) schrieb in seinem letzten Gedicht die resignierten Reime:

»'S ist eitel, nichts, wohin mein Aug ich hefte!
Das Leben ist ein vielbesagtes Wandern,
Ein wüstes Jagen ist's von dem zum andern,
Und unterwegs verlieren wir die Kräfte.«

Das war 1848, zwei Jahre vor seinem Tod.

So ist das Leben, ein wüstes Jagen »von dem zum andern«, ein elendes »Haschen nach Wind« – der Ausdruck wird in Prediger 9-mal verwendet –, so lange wir das Jenseits und Gott aus unserem Trachten und Tun auslassen. Beziehen wir ihn aber in all unsere Geschäfte ein, dann wendet sich Verdruss in Freude:

»Denn wer kann essen, und wer kann genießen ohne ihn? Denn dem Menschen, der ihm wohlgefällig ist, gibt er Weisheit und Kenntnis und Freude« (2,25.26).

So werden uns die in diesem Buch beschriebenen Erfahrungen zu wichtigen Lektionen, die uns vom Diesseitigen zum Jenseitigen lenken, zu *»Vorbereitungen auf den Genuss des Evangeliums«* (Charles Bridges). Im Herrn, und in ihm allein, können wir uns allezeit freuen, wie das Neue Testament bestätigt (Phil 4,4). Kennen wir ihn, nehmen wir alles dankbar aus seiner Hand, und sind wir ihm als Herrn und Meister unterworfen, wie es die Apostel am Tag der Pfingsten waren, dann können wir auch das tägliche Essen »mit Frohlocken« zu uns nehmen (Apg 2,46). Es ist wirklich so, wie Salomo fragte:

»Wer kann genießen ohne ihn?«

Eine genusssüchtige Zeit, die das Vergnügen mehr liebt als Gott (2Tim 3,4), weiß nur zu gut, dass alles, was man heute Auge und Ohr, Tastsinn und Gaumen in erdrückender Fülle und in endlosen Variationen bietet, nur Überdruss und letztendlich Ekel bereitet. Wer aber Gott fürchtet, weiß ebenso: Er reicht alles reichlich dar zum Genuss (1Tim 6,17). Wo aber lerne ich Gott fürchten, Gott lieben und auf Gott vertrauen, wenn nicht im Evangelium? Das Buch ist darum wie das gesamte Alte Testament und das Gesetz insonderheit »ein Zuchtmeister auf Christus« (Gal 3,24), eine Vorbereitung auf das Evangelium.

Eine Einteilung

Nach einer **Einleitung** (1,1-11) folgen **neun Abschnitte**, die alle mit einem Hinweis auf die Freude schließen (2,10f; 2,24-26; 3,22; 5,18f; 7,14; 8,15; 9,7-10; 11,7f; 11,9). Hieran schließt sich ein **Schlusswort** an, in der die Summe aus allen Belehrungen des Buches gezogen wird (12,9- 14).

Das Buch ist wie eine Predigt aufgebaut. Zuerst stellt der Prediger seine Behauptung auf: »Alles ist eitel!« (1,2). Dann macht er sich daran, seine Behauptung zu belegen. Er wendet sich wiederholt einem Problem oder einem Rätsel zu, das uns das Leben aufgibt, erörtert es nach verschiedenen Seiten hin und kommt dabei immer wieder zum gleichen Ergebnis: Alles ist sinnlos. Dann zeigt er aber auch einen Ausweg aus diesem erdrückenden Gefühl der Sinnlosigkeit: Der Glaube an den ewigen Gott verbindet uns mit der Ewigkeit. Fürchtet man ihn, kann man sich trotz aller Unbilden und Unsicherheiten des Lebens freuen. Es werden der Reihe nach folgende Fragen behandelt:

Einleitung	1,1-11
1. Studieren und Probieren Ergebnis: 2,10	1,12 - 2,11
2. Weisheit und Torheit Ergebnis: 2,24-26	2,12-26
3. Zeit und Ewigkeit Ergebnis: 3,12,22	3
4. Bedrücker und Bedrückte Ergebnis: 5,18-20	4 und 5
5. Anfang und Ende Ergebnis: 7,13,14	6,1 - 7,14
6. Vermessenheit und Bescheidenheit Ergebnis: 8,15	7,15 - 8,15
7. Fügung und Hoffnung Rat: 9,7-10	8,16 - 9,10

8. Hilflosigkeiten und Unwägbarkeiten 9,11 - 11,8
Rat: 11,7,8

9. Jugend und Alter 11,9 - 12,8
Rat: 11,9

Schlusswort 12,9-14

Eitelkeit und Haschen nach Wind

Die Einleitung nimmt das im Buch nachfolgend Behandelte vorweg. Es lohnt daher, die Verse 1,1-11 besonders sorgfältig zu studieren (wie das in der Auslegung der Fall ist; siehe unten S. 28-41).

> **»Eitelkeit der Eitelkeiten! Alles ist Eitelkeit«**

seufzt der Prediger resigniert, und dann stellt er die herausfordernde Frage:

> **»Welchen Gewinn hat der Mensch bei all seiner Mühe, womit er sich abmüht unter der Sonne?«**

Er hat keinen; denn ein Geschlecht geht und ein neues Geschlecht kommt, aber der Mensch kann von allem, was er sich aufgehäuft hat, nichts mitnehmen (1Tim 6,7), sondern muss es einem andern überlassen, der vielleicht ein Narr oder ein Müßiggänger sein wird (2,18,19).

»Unter der Sonne«, das heißt *auf das Diesseits beschränkt*, ist alle Bemühung letztlich umsonst (4,7,8). Es schaut am Ende von aller Anstrengung nichts heraus; nichts von Wert und Sinn bleibt zurück.

Zudem ist alles Tun ein Kreislauf ewig wiederkehrender gleicher Dinge: Die Sonne geht auf, die Sonne geht unter, die Flüsse laufen Tag für Tag ins Meer, und doch wird das Meer nicht voll; das, was gewesen ist, ist das, was sein wird; »unter der Sonne« gibt es nichts Neues.

Wohl trachten Ohr und Auge stets danach »etwas Neues zu hören und zu sagen« (Apg 17,21), der Mensch bleibt aber in seiner Sehnsucht nach etwas dauernd Befriedigendem ewig frustriert. Ein Leben, das aufs Diesseits beschränkt bleibt, ist in der Tat ein endloses Stapfen in der Tretmühle. Wie schwer ein solches Leben auf dem Menschen lastet, wusste der Prager Jude Franz Kafka (1883-1924) seinem Tagebuch anzuvertrauen:

> »Sonntag, den 19. Juli 1910: Geschlafen, aufgewacht, geschlafen, aufgewacht, elendes Leben.«

Und noch zwölf Jahre später:

> »16. Januar 1922: Zusammenbruch, Unmöglichkeit zu schlafen, Unmöglichkeit zu wachen, Unmöglichkeit das Leben, genauer, die Aufeinanderfolge des Lebens zu ertragen. Die Uhren stimmen nicht überein, die innere jagt in einer teuflischen oder dämonischen oder jedenfalls unmenschlichen Art, die äußere geht stockend ihren gewöhnlichen Gang ...«

Das Geheimnis des Glücks

Wie soll der Mensch mit einem solchen Leben fertig werden? Wie soll er Freude an der Gabe des Lebens und all dessen Gütern finden? Die Antwort dieses Buches lautet:

> »Fürchte Gott und halte seine Gebote, denn das ist der ganze Mensch..«

Und tatsächlich bestätigt das Neue Testament, dass die aus der Gottesfurcht fließende Gottseligkeit die Verheißung des ewigen, ja, aber auch des diesseitigen Lebens hat (1Tim 4,8). Das Neue Testament beantwortet auch die Frage von V.10:

»Gibt es ein Ding, von dem man sagt: Siehe, das ist neu?«

Ja, es gibt wirklich Neues: eine neue Geburt (Joh 3,3,5) und damit einhergehend eine neue Schöpfung (2Kor 5,17). Wer diese kennt und mithin in der Ewigkeit verankert seinen Weg durch die Zeit geht, wird vom erdrückenden Bewusstsein der Nichtigkeit aller Dinge befreit. Er weiß, dass »die Welt vergeht und ihre Lust« (1Joh 2,17), und dass »die Gestalt dieser Welt vergeht« (1Kor 7,31). Darum klammert er sich nicht verzweifelt an sie, lebt nicht für sie, versucht auch nicht, in ihr seine Ruhe und sein Ziel zu finden. Vielmehr ist er bereit, in dieser Welt das Leben zu verlieren. Und siehe da: Damit findet er es (Mt 10,39). Unterwirft er sich Gott, findet er unschuldige Freude im Genuss der alltäglichen Gaben des Schöpfers:

> **»Ich habe erkannt, dass es unter der Sonne nichts Besseres gibt, als sich zu freuen und sich in seinem Leben gütlich zu tun; und auch, dass er esse und trinke und Gutes sehe bei all seiner Mühe, ist für jeden Menschen eine Gabe Gottes«** (3,12).

Eben an solchen Versen haben viele sich gestoßen und gemeint, hier werde doch deutlich, dass das Buch Prediger nur menschliche Weisheit lehre. »Lasst uns essen und trinken, denn morgen sterben wir« (1Kor 15,32) ist ja offenkundig die Sprache der Gottlosen, nicht aber der Gottesfürchtigen. Das stimmt, wenn Essen und Trinken unser Lebensinhalt, wenn der Bauch unser Gott ist (Phil 3,19). Dann sind wir wahrlich arm. Ist aber Gott unser Gott, dann wird alles mit einem Schlag anders. Dann können wir uns an den Gaben des Schöpfers freuen, können uns allerdings auch freuen, wenn wir Mangel leiden (Phil 4,12), denn die Quelle unserer Freude liegt nicht in den Gaben, sondern im Geber.

Zusammenfassung

Im letzten Kapitel fasst der Prediger noch einmal alle durchs Buch laufenden Fäden zusammen: Er fordert den Jüngling auf, sich seines Lebens zu freuen (11,9), dabei aber den Richter (11,9) und Schöpfer (12,1) nicht zu vergessen, sondern ihn zu fürchten; denn dies ist der Schlüssel zu einem glücklichen Leben.

Die Verse 12,1.2 widersprechen einem leider weit verbreiteten Irrtum. Es stimmt nicht, dass man im Alter leichter zum Glauben an Gott findet als in der Jugend. Es ist umgekehrt, weil sich am Lebensabend **»die Sonne und das Licht verfinstern«**:

Der Mensch hat es mit zunehmendem Alter immer schwerer, die **»Sonne der Gerechtigkeit«** und **»das Licht der Welt«** zu erkennen. Daher fordert Salomo uns auf, in den Tagen der Jugend des Schöpfers zu gedenken und es nicht so lange hinauszuschieben, bis wir unseren Schöpfer und Erlöser fast nicht mehr erkennen können, weil das Gewissen von Jahr zu Jahr stumpfer geworden ist.

Kapitel 12,3-5 ist eine in ihrer Lebendigkeit hinreißende metaphorische Schilderung des Alters: Die **»Hüter des Hauses«** sind die zitternden Hände, die **»starken Männer«** die inzwischen krumm gewordenen Beine des Greises. Die feiernden **»Müllerinnen«** sind die fehlenden Zähne, die **»durch die Fenster sehenden«** die nunmehr trüb gewordenen Augen.

Dann folgt als eindringliches *Memento Mori* die unvergleichlich schöne und bewegende Umschreibung des Todes: Eines Tages wird die silberne Schnur zerrissen, die goldene Schale zerschlagen sein. Der Eimer am Quell ist zerbrochen, und geborsten hängt die Schöpfwelle herab. Salomo fordert uns damit auf: »Schaut euch einmal an, was ihr am Ende sein werdet, wenn das Diesseits euer Alles und der Bauch euer Gott gewesen ist! Was gibt es Nutzloseres als einen zertrümmerten Eimer?« Aus Staub ist dein Leib geworden, und er kehrt zum Staub zurück.

Damit ist aber nicht alles aus, nein: Der Geist des Menschen wird eines Tages vor den Thron des Richters gerufen werden, der ihn ihm gegeben (12,6,7; Offb 20,12). Darum wollen wir der Aufforderung des weisen Salomo, des Königs von Israel, nachkommen:

> **»Fürchte Gott und halte seine Gebote; denn das ist der ganze Mensch. Denn Gott wird jedes Werk, es sei gut oder böse, in das Gericht über alles Verborgene bringen«** (12,13,14).

Das Leben und das Ende des Verfassers

Salomos Geburt und Jugend

Die Umstände, die zu Salomos Geburt führten, müssen ihn beständig daran erinnert haben, dass dort, wo die Sünde mächtig geworden, die Gnade noch mächtiger geworden ist (Röm 5,20). Auf welchem Weg kam doch Bathseba in das Leben Davids! Und nach welch demütigenden Geschehnissen wurde sie endlich Mutter Salomos, oder *Jedidjahs*, des *»Geliebten des HERRN«*, wie er von Gott selbst genannt wurde (2Sam 12,24,25)! Womit hatte Salomo es verdient, ein Geliebter des Ewigen zu heißen? Was hatte er bis dahin geleistet, das ihm solche Zuneigung verdient hätte? Nichts. Gott liebte Salomo, weil Gott Liebe ist. Gott ist Sündern gnädig, weil Gott Sündern gnädig ist. Es gibt keine andere Antwort auf diese unbegreifliche Tatsache.

Die Gnade ist die einzige wirkliche Kraft zur Heiligkeit, wie wir an Stellen wie Röm 6,14; 2Tim 2,1 und anderen lernen. Und als solche erwies sie sich auch im Leben Salomos. Er war noch *»jung und zart«* (1Chr 29,1), als sein Vater ihn für die Nachfolge auf den Thron und den Bau des Tempels vorbereitete. Und als er bereits König geworden, nennt er sich *»einen kleinen Knaben«* (1Kö 3,7). Aber er war bereits von Gottesfurcht erfüllt; Gottes Gnade an ihm hatte ihn dazu bewegt. Sie hatte ihn bewegt, Gottes Liebe mit Liebe zu beantworten (1Kö 3,3) und ihn und seine Weisheit von Jugend auf zu suchen:

> *»Ich liebe, die mich lieben, und die mich frühe suchen, werden mich finden«* (Spr 8,17).

Solches schrieb Salomo aus Erfahrung; aus Erfahrung gibt er darum als alter Mann noch dem Jüngling den Rat:

> **»Gedenke deines Schöpfers in den Tagen deiner Jugend«** (Pred 12,1).

Salomos Weisheit

Der Weg, auf dem Salomo seine erstaunliche Weisheit erlangte, ist ein an Klarheit nicht zu übertreffendes Vorbild für alle, die ihm nacheifern wollen.

Salomo war König geworden, ja, aber nicht König irgendeines Volkes. Er war von Gott zum Haupt und Führer über *das Volk Gottes* gesetzt worden, des einzigen Volkes, unter dem der Gott des Himmels selbst wohnte, des einzigen Volkes, das der Ewige sein Eigentum aus allen Völkern nannte (2Mo 19,5). Die ungeheure Bürde der Würde, König gerade *dieses* Volkes zu sein, lastete dem noch jugendhaften Thronfolger Davids schwer auf Herz und Gemüt. Er muss sich schon länger danach gesehnt haben, diesem seinem Volk, dem er nun vorstehen musste, auch in Weisheit dienen zu können; und er muss dabei an seinem hoffnungslosen Zukurzkommen gelitten haben.

Dass solche Gedanken in seinem Herzen waren, kam an den Tag, als ihm Gott in einer Nacht erschien und ihn aufforderte:

> *»Bitte, was ich dir geben soll«* (1Kö 3,5).

Man bedenke: Einen Wunsch frei, wie im Märchen! Nur war es kein Märchen. Was würde sich Salomo bloß wünschen? Was hättest du gewünscht? Gibt es etwas, das unser Innerstes zuverlässiger ans Licht bringen könnte als eine solche Frage? Hier hat Salomo vielleicht die wirklich größte Stunde seines Lebens. Der junge Mann erweist sich als vollkommen auf der Höhe seiner Berufung. Wer von den Erlösten des Herrn könnte von sich sagen, er sei das oder er sei es wenigstens für nur kurze Zeit gewesen? Salomo muss nicht Bedenkzeit erbeten, sondern antwortet ohne zu zögern:

> *»Du hast deinen Knecht zum König gemacht an meines Vaters statt, und ich bin ein kleiner Knabe, ich weiß nicht aus- und einzugehen; und dein Knecht ist in der Mitte deines Volkes, das du erwählt hast, eines großen Volkes, das nicht gezählt noch berechnet werden kann vor Menge. So gib denn deinem Knecht ein verständiges Herz, um dein Volk zu richten, zu unterscheiden zwischen Gutem und Bösem; denn wer vermöchte dieses dein zahlreiches Volk zu richten?«* (1Kö 3,7-9)

Salomo beweist hier, dass er alle Voraussetzungen besitzt, um weise zu werden:

- Er erkennt seine Hilflosigkeit und Unfähigkeit.
- Seiner Unfähigkeit steht eine für ihn viel zu große Aufgabe gegenüber: Das Volk ist einerseits groß, aber was die Verantwortung unerträglich macht, ist die Tatsache, dass es »dein«, also Gottes Volk ist.
- Aus dieser doppelten Einsicht zieht Salomo die einzig richtige Konsequenz: Er wendet sich an Gott, vertraut auf ihn mit seinem ganzen Herzen und stützt sich nicht auf seinen Verstand noch auf sein Vermögen (Spr 3,5-7; 26,12).
- Salomo schätzt den Wert der Weisheit höher als jedes andere Gut (Spr 2,4; 3,14,15), denn er erbittet sich nicht, was dem Menschen gewöhnlich als das Wertvollste erscheint.

Auf diesem Weg kommt die Weisheit in sein Herz, um die er gebeten hatte (vgl. Spr 2,1-6); und weil er zuerst nach dieser getrachtet, bekommt er auch, worum er nicht gebeten hat: Reichtum und Ehre (1Kö 3,11-13; Spr 3,16; vgl. Mt 6,33).

In Markus 4,24 lehrt Er, der selbst die Weisheit in Person ist:

> *»Sehet zu, was ihr höret, mit welchem Maße ihr messet, wird euch gemessen werden; und es wird euch hinzugefügt werden.«*

Diese Wahrheit hatte Salomo selbst befolgt, bevor er sie später lehrte: Er hatte von seinem Vater David gehört, und er hatte dem Gott, von dem David kündete, *sein Herz weit gemacht*:

> *»Gib mir, mein Sohn, dein Herz, und lass deine Augen Gefallen haben an meinen Wegen«* (Spr 23,26).

Salomo gab seinem göttlichen Vater sein Herz. Entsprechend vergalt ihm Gott:

> *»Gott gab Salomo Weisheit und sehr große Einsicht und Weite des Herzens wie der Sand, der am Ufer des Meeres ist»* (1Kö 5,9).

Diese Weisheit, welche Salomo zum Weltwunder seiner Zeit und bis auf den heutigen Tag *zu dem sprichwörtlichen Weisen schlechthin* machte, zeigte sich bereits unmittelbar danach: im gerechten Urteil, das er über jene zwei Huren fällte (1Kö 3,16-28) – ein Urteil im übrigen, das sich meilenweit von dem unterscheidet, was man heute im Volksmund ein «salomonisches Urteil» nennt. Dieses ist meist nicht mehr als ein lauer Kompromiss; hier aber geschah beiden Parteien kompromisslose Gerechtigkeit. Jahre später schrieb Salomo:

> *»Tiefes Wasser ist der Ratschluss im Herzen des Mannes, aber ein verständiger Mann schöpft ihn heraus«* (Spr 20,5).

In der Tat: Salomo vermochte das, was im Herzen dieser beiden Frauen war, herauszuschöpfen. Wie war er dabei zu Wege gegangen? Oder besser: Was hatte er in diesen beiden Menschen angesprochen, das unmittelbar Farbe zeigte und so das Herz der Betreffenden offenbarte?

Beide Frauen waren Huren. War Salomo ein exemplarischer Weiser, dann waren diese beiden ebensolche Sünder (vgl. Lk 7,37); eine der beiden war auch Mutter. Mit seiner Frage verstand es Salomo, diese zweite Natur anzusprechen, und prompt wurde die wahre Mutter offenbar.

Hieraus lässt sich für uns mühelos folgende Analogie herleiten: Auch wir sind Sünder von Natur; aber wir sind durch die neue Geburt auch etwas anderes geworden: Kinder Gottes. Die Weisheit des Weisen angesichts ähnlich undurchschaubarer und daher nicht zu entscheidender Fälle besteht darin, die göttliche Natur des Erlösten anzusprechen. Geschieht das in Weisheit, dann reagiert diese unfehlbar auf das Wort der Weisheit; sie gibt sich zu erkennen und macht das Herz offenbar.

Salomos tiefer Fall

Die Gnade ist, richtig verstanden und richtig angewandt, die stärkste Kraft zur Heiligung. Falsch verstanden oder falsch angewandt, lässt sie den Menschen in Schande und Sünde versinken. Hatte Paulus klagen müssen, dass die Galater sich von der kräftigen Gnade zu den hilflosen Elementen des Gesetzes kehrten, musste Judas von Leuten sprechen, welche

> *»die Gnade Gottes in Ausschweifung verkehren«* (Jud 4).

Salomo, der von Gott so reiche Gnade empfangen hatte, strauchelte und stürzte ebenso. Er wandte sich in seinem Herzen von dem ab, aus dessen Hand alles kommt, vom Quell aller Gnade. Damit wurde er zur hilflosen Beute der Sinnlichkeit, welche den Menschen durch die Sinne an das Geschaffene und Vergängliche bindet. Beispielhaft dafür steht seine Verfallenheit an die heidnischen Frauen, die sein Herz neigten (1Kö 11,4). Wie schmerzlich ist es, solches zu lesen vom gleichen Mann, dessen Herz einst so weit gewesen war für Gott und für seine Gedanken. Und wie bitter, wenn wir bedenken, dass Salomo in besseren Jahren selbst gelehrt hatte:

> *»Behüte dein Herz mehr als alles, was zu bewahren ist; denn von ihm aus sind die Ausgänge des Lebens«* (Spr 4,23).

Und hatte er nicht selbst erfahren, wie die Weisheit *»von dem fremden Weibe«* (Spr 2,16) zu erretten vermag und den Jüngling daher gedrängt, nach Weisheit zu trachten, damit er nicht eine Beute der Hure werde (Spr 5,1-6; 6,24,25; 7,24-27). So lernen wir denn an Salomo die ernste Wahrheit:

»Wer zu stehen sich dünkt, sehe zu, dass er nicht falle« (1Kor 10,12).

Wir lernen, dass der Mensch, auf sich gestellt, zu allem fähig ist, dass es daher Torheit, ja, Wahnsinn ist, sich je klug und stark genug zu dünken, um die beständige Abhängigkeit von Gott nicht mehr nötig zu haben.

Dass wir es doch begriffen: Die unablässige Abhängigkeit von unserem Herrn ist unser Glück; die Unabhängigkeit von ihm ist unser Unglück. Wie haben wir den Herrn aufgenommen? Als hilf- und rechtlose Bankrotteure, die vollständig auf Gottes Gnade angewiesen waren. Wie sollen wir weiterhin in ihm wandeln? So *»wie ihr Christus Jesus, den Herrn, aufgenommen habt, so wandelt in ihm«* (Kol 2,6).

Die Zuchtrute des Bundes

Der Bund, den Gott mit David geschlossen hatte, sah die Zuchtrute vor für den Fall, dass seine Söhne ungehorsam werden sollten (2Sam 7,14; Ps 89,30-32). Gott züchtigt seine Söhne, wenn sie seine Gnade in Ausschweifung verkehren. Er erweckte dem Salomo drei Feinde (1Kö 11,14, 23, 26). Salomo, der während seiner ganzen Regierung keinen Krieg gekannt hatte und der mit dem Frieden Gottes im Herzen gewandelt war, bekommt jetzt zu spüren, dass ihm Gott den Frieden entzieht, weil sich sein Herz von ihm abgewandt hat. Als Salomo noch innen und außen Frieden genoss, schrieb er:

»Wenn eines Mannes Wege dem HERRN wohl gefallen, lässt er selbst seine Feinde mit ihm in Frieden sein« (Spr 16,7).

Jetzt aber sorgt Gott dafür, dass Salomos Feinde nicht mehr mit ihm in Frieden sind.

Während David noch regierte und Salomo noch nicht einmal geboren war, bereitete er die Zuchtrute zu, die ihn am Tage seines Ungehorsams heimsuchen sollte (1Kö 11,14ff). Ja, Gottes Gnade ist voraussetzungslos. Er liebte Salomo, ohne dass Salomo solche Liebe verdient hätte. Natürlich sah Gott Salomos Gottesfurcht voraus. Aber diese war nicht die Ursache dafür, dass Gott Salomo liebte; denn sonst wäre sie verdient gewesen; wäre sie aber verdient, wäre es nicht mehr Gnade gewesen (Röm 11,6). Nein, Gott liebte

Salomo ohne Ursache. Aber Gottes Gerichte sind nicht voraussetzungslos. Er sah Salomos Ungehorsam voraus und bereitete ihm zuvor die von ihm selbst verdiente Züchtigung. Wenn Gott uns bestraft, dann nach Verdienst; wenn Gott uns Gutes tut, dann immer ohne Verdienst. In seiner Gnade, da ist er souverän, indem er solchen Gutes tut, die es nicht verdient haben; in seinen Gerichten ist er hingegen gerecht, indem er solche straft, die es verdient haben. Seine Liebe zu uns ist frei, d. h. ohne Anlass; seine Strenge ist von uns veranlasst.

Salomos Ende

Kam Salomo nach seinem tiefen Fall wieder zurecht? Die Bibel gibt uns hierauf keine *eindeutige* Antwort. Mehrere Indizien aber sprechen dafür, dass Salomo so endete, wie er als König angefangen hatte: als ein Heiliger Gottes.

- Gott, der den Anfang und das Ende sieht, hatte bei der Geburt Salomo den Namen *Jedidjah, »Geliebter des HERRN«* gegeben. Sollte er ihm diesen Namen gegeben haben, wenn Salomo als ein Verworfener geendet hätte? (Siehe auch Röm 11,2.)

- Er wird in seiner Geschichte als ein klares Bild auf den Messias in der Herrlichkeit des Friedensreiches dargestellt (siehe Ps 72). Sollte jemand, der als Abgefallener endete, gewürdigt sein, in seinem Leben den vorzuschatten, der der Abglanz der göttlichen Herrlichkeit und der Abdruck seines Wesens ist?

- Man beachte auch den abschließenden Kommentar zu seinem Leben: *»Und das Übrige der Geschichte Salomos und alles, was er getan hat, und seine Weisheit, ist das nicht geschrieben in dem Buche der Geschichte Salomos«* (1Kö 11,41). Es wird zusammenfassend und abschließend auf seine Weisheit und nicht auf die vorübergehende Torheit seiner Sünde verwiesen.

- Es findet sich in 2Chr 11,17 ein Satz, der Salomos Weg mit dem seines Vaters gleichsetzt: *»Drei Jahre lang wandelten sie auf dem Wege Davids und Salomos.«* Im Rückblick wird also der gesamte Weg Salomos wie der gesamte Weg Davids bewertet.

- Der Historiker von 2. Chronika hat in seiner Darstellung vom

Leben und Werk Salomos dessen Sünde übergangen. Hätte er das gedurft, wenn Gott sie ihm nicht vergeben und in die Tiefen des Meeres versenkt hätte? Müsste man seinen Bericht sonst nicht als irreführend bezeichnen?

- Wie anders wollen wir die Entstehung des Buches Prediger erklären, wenn nicht als das Zeugnis eines Mannes, der nach Jahren des Haschens nach Wind wieder zur von Gott geschenkten Weisheit zurückgekehrt ist (Pred 12,9-14).

- Und trägt nicht der Kommentar über die Gefahr verführerischer Frauen in Pred 7,26 den Stempel jener Echtheit, die aus der eigenen bitteren Erfahrung stammt? Sollten wir daher nicht am ehesten annehmen, das Buch sei entstanden, nachdem der Schreiber wieder sein alleiniges und volles Genüge in Gott gefunden hatte?

Charles Bridges urteilt in seinem Kommentar zum Buch Prediger:

> »Dies alles vor Augen, urteilen wir, er sei ein Kind jenes Bundes gewesen, der auch die Zuchtrute für sein verkehrtes Handeln vorsah (vgl. 2Sam 7,14.15 mit 1Kö 11,25.26), während er gleichzeitig ein glückliches Ende sicherstellte. Wenn nun wohl seine Sonne in einer Wolke unterging, sollte nicht gerade das die Züchtigung des Kindes sein, dessen mithin, der nicht verworfen wird?«

Was lernen wir an Salomos Erhöhung, Erniedrigung und Wiederherstellung? Dies:

- Gottes Gnade erhöht uns ohne unser Verdienst.
- Gottes Gerechtigkeit erniedrigt uns nach unserem Verdienst.
- Gottes Treue stellt uns wieder her ohne unser Verdienst.

Gott hat Salomo um Davids willen das Königtum nicht entrissen (1Kö 11,11-13). Um der David gemachten Verheißungen willen, machte er die Berufung zum Königtum nicht rückgängig. Gott entreißt dem Christen um Christi willen sein Erbe nicht; denn wahrlich:

> *»Die Gnadengaben und die Berufung Gottes sind unbereubar«* (Röm 11,29).

Um des Gnadenbundes willen verwirft Gott keinen seiner Söhne auf immer. Gott strafte Salomo, damit wir seine Strenge fürchten und die Sünde scheuen. Gott stellte Salomo wieder her, damit wir Gottes Güte erkennen und nicht, wenn wir gefallen sind, wegen unserer Sünde in der Nacht der Verzweiflung untergehen. Was hatte Gott Salomos Vater David verheißen?

> *»Ich will ihm* (dem Sohn Davids) *Vater sein, und er soll mir Sohn sein, so dass, wenn er verkehrt handelt, ich ihn züchtigen werde mit einer Menschenrute und mit Schlägen der Menschenkinder; aber meine Güte soll nicht von ihm weichen, wie ich sie von Saul weichen ließ, den ich vor dir weggetan habe«* (2Sam 7,14.15).

> *»Siehe die Güte und die Strenge Gottes!«* (Röm 11,22).

Seht die Wunder der Erlösung! In Christus ist uns beides geworden: Gnade und Wahrheit, Liebe *und* Licht. (Joh 1,17; 1Joh 1,5; 4,16).

Kapitel 1

Eine Einleitung des Buches: 1,1-11

a) der Autor (1,1)
b) das Ergebnis seiner Untersuchungen (1,2-11)

»Wir dürfen annehmen, dass Salomo seine Sprüche auf der Höhe seiner Laufbahn redete, als er noch in seiner Integrität bestand, dass er aber seinen Prediger verfasste, als er alt geworden (denn er spricht als ein Fühlender von den Beschwerden des Alterns; Kap 12), und, durch Gottes Gnade, von seiner Untreue wiederhergestellt worden war ... Es ist eine Predigt der Reue, der Buße, wie einige der Psalmen Davids Bußpsalmen sind; es ist eine Predigt des Widerrufens, in welcher der Prediger seine eigene Torheit und seine Fehler bitter beklagt ... Sein Fall ist ein Beweis der Schwachheit der menschlichen Natur, seine Wiederherstellung ein Beweis der Macht der göttlichen Gnade, die auch einen Gefallenen zu Gott zurückzubringen vermag, der so weit von ihm abgeirrt ist ... dies gemäß der David gegebenen Verheißung, dass er dessen Kinder, wenn sie verkehrt handeln, züchtigen, nicht aber dahingeben und enterben würde; 2Sam 7,14.15« (Matthew Henry).

a) der Autor (1,1)

Zuerst stellt der Verfasser sich vor. Er sagt, was er ist und dann wer er ist.

1 Worte des Predigers[1], des Sohnes Davids, des Königs in Jerusalem.

»Prediger«: hebr. *qohælæt*, vom Verbum *qahal*, versammeln, bedeutet etwa: Versammlungsvorsteher. Als solcher lehrte er das Volk und predigte er zu ihm. Darum heißt das Buch auf Deutsch »Prediger«. In der LXX heißt es *Ekklesiastes*, worin wir leicht das Wort *ekklesia*, Versammlung, erkennen.

1 V. 2,12; 7,27; 12,8.9.10.

»des Sohnes Davids«: Welche Abstammung, und welche Verpflichtung! Vom geehrtesten aller Könige, dem Mann nach Gottes eigenem Herzen, zu stammen, bedeutet Würde und Bürde zugleich. So hoch die Berufung, so tief ist der Fall, wenn einer fällt. Wir aber sind Kinder nicht Davids, sondern Gottes. Wir sind gesetzt, einst nicht über Jerusalem und Juda zu herrschen, sondern über die ganze Schöpfung. Wie groß ist dann aber unsere Verantwortung, zu wandeln

> *»würdig des Gottes, der euch zu seinem eigenen Reiche und seiner eigenen Herrlichkeit beruft«* (1Thes 2,12).

»des Königs in Jerusalem«: Salomo war König in der einzigen Stadt der gesamten Menschheitsgeschichte und auf dem ganzen Erdenrund, die Gott Selbst erwählt hatte, um in ihr sein Haus und seinen Thron aufzurichten. Größere Ehre konnte einem irdischen König nicht zuteil werden. Wie schmerzlich machte das Salomo die Ungeheuerlichkeit seiner Sünde bewusst. Einleitend zum Buch der Sprüche nennt Salomo sich noch *»König von Israel«* (Spr 1,1). Das ist er auch in seinem Alter zwar noch, aber er mag sich nicht mehr so nennen. Er fühlt wohl, dass man ihm nicht mehr wie einst in der ganzen Weite des Reiches als einem von göttlicher Weisheit erfüllten König freudigen, sogar von Stolz beflügelten Gehorsam leistet. In seiner Torheit war Salomo nicht allein fremden Frauen und fremden Göttern, sondern auch einer unsinnigen Bauwut verfallen (siehe Kap 2). Und die Last seiner Bauerei hatte nicht er, sondern sein Volk zu tragen gehabt (vgl. 1Kö 12,4). Er hat damit das Volk gedrückt, und jeder Drücker weiß, dass die Gedrückten ihm das verdenken und nicht so schnell verzeihen. So fühlt sich der alte König nur noch im engen Kreis der Häuser Jerusalems, die er von der Zinne seines königlichen Palastes überblicken kann, als Herrscher. Seine Selbstbezeichnung ist also gleichzeitig beides: Erinnerung an seine hohe Berufung und Fingerzeig auf den nie mehr wiederzubringenden Verlust, den sein schamwürdiges Absinken in Sinnlichkeit und eitles Philosophieren verursacht hatte. Der einleitende Satz gibt dem Buch auf diese Weise einen traurigen Untergrund, aber gerade das verleiht ihm gleichzeitig jene Überzeugungskraft, die nur der Echtheit innewohnt. Und Salomo hat dem Volk Gottes in diesem Buch etwas zu sagen.

Wie ein David nach seiner Sünde und Wiederherstellung *»die Übertreter deine Wege«* lehren konnte (Ps 51,15), und wie ein Petrus nach seinem peinlichen Straucheln seine Brüder zu stärken vermochte (Lk 22,32), so hat Salomo aus seinem Abfall dieses *eine*

Gute gelernt und gewonnen: Er kann sich mit der Eindringlichkeit des selbst Gebrannten warnend an einen jeden wenden, der zu stehen sich dünkt. Was ruft er ihm zu? Wenn du meinst, Du stehest so fest, sieh zu, dass du nicht fällst (1Kor 10,12)!

b) das Ergebnis seiner Untersuchungen (1,2-11)

Im einleitenden Satz stellt der Prediger seine These auf. Sie lautet: »Alles ist durch Eitelkeit.« In allen nachfolgenden Kapiteln wird die These durch Beobachtungen erhärtet und durch Beispiele bewiesen. *John Bunyan* vergleicht in seiner »Pilgerreise« diese Welt mit einem das ganze Jahr dauernden Jahrmarkt der Eitelkeiten. Genau das will dieses Buch uns zeigen, und so dient es dazu, die gläubige Seele den Dingen der Welt zu entwöhnen und seine Sehnsucht und seine Erwartung auf jene unvergängliche Welt zu richten, die der Eitelkeit alles Vergänglichen nicht unterworfen ist. Wenn es Salomo gelingt, das Volk Gottes von der Nichtigkeit aller irdischen Dinge zu überzeugen, hat er ihm den größten Dienst erwiesen, den er ihm als Lehrer und Hirte des Volkes erweisen kann.

Das Neue Testament bestätigt Salomos These in so klaren wie starken Worten:

> *»Denn die Schöpfung ist der Eitelkeit unterworfen worden ... auf Hoffnung«* (Röm 8,20).
>
> *»Denn die Gestalt dieser Welt vergeht«* (1Kor 7,31).
>
> *»Die Sonne ist aufgegangen mit ihrer Glut und hat das Gras gedörrt, und seine Blume ist abgefallen, und die Zierde seines Ansehens ist verdorben; also wird auch der Reiche in seinen Wegen verwelken«* (Jak 1,11).
>
> *»Da nun dieses alles aufgelöst wird, welche solltet ihr dann sein in heiligem Wandel und Gottseligkeit, erwartend und beschleunigend die Ankunft des Tages Gottes«* (2Petr 3,11).
>
> *»Die Welt vergeht und ihre Lust, wer aber den Willen Gottes tut, bleibt in Ewigkeit«* (1Jo 2,17).

Dass die Welt mitsamt ihrer Lust vergeht, ist dem Gottlosen Torheit und Schrecken zugleich; dem Heiligen ist es Lust und Trost:

Weißt du, was in dieser Welt
Mir am meisten wohlgefällt?
Dass die Zeit sich selbst verzehret
Und die Welt nicht ewig währet.

(Friedrich von Logau, 1604-1655: Das Beste der Welt)

Lust und Trost kann das dem Heiligen aber allein deshalb sein, weil er eine Welt kennt, die nie vergehen wird.

2 Eitelkeit der Eitelkeiten! spricht der Prediger; Eitelkeit der Eitelkeiten! Alles ist Eitelkeit.

»Eitelkeit der Eitelkeiten«: ein hebräischer Superlativ wie *»Gott der Götter«* (5Mo 10,17), *»Himmel der Himmel«* (1Kö 8,27); also: »allergrößte Eitelkeit«. Luther hält sich an die Eigenart der deutschen Sprache und übersetzt: *»Es ist alles ganz eitel.«* Die Eitelkeit ist so groß, ihr Gewicht ist so erdrückend, dass der Prediger es noch einmal sagen muss: *»Eitelkeit der Eitelkeiten!«*

Was ist denn so hoffnungslos eitel? Das menschliche Leben **»unter der Sonne«**. Das Endergebnis all seiner Erfahrungen und Nachforschungen über Sinn und Ziel des Lebens wird im eröffnenden Satz vorweggenommen:

»Alles ist sinnlos – alles ist zwecklos – **alles ist Eitelkeit.**«

Hat der Prediger das Ergebnis bereits an die Spitze gestellt, dienen die nachfolgenden Verse 3-11 nur noch dem Beweis dieser Erklärung.

3 Welchen Gewinn hat der Mensch bei all seiner Mühe, womit er sich abmüht unter der Sonne?

Welchen Gewinn? (hebr. *jitrôn*, Überschuss; das, was als Profit übrig bleibt. Man könnte die Frage umgangssprachlich so formulieren: »Was hat der Mensch davon?«) Er hat keinen Gewinn. Alle Mühe des Menschen **»unter der Sonne«** mag innerweltlichen Gewinn bringen, aber keinen wahren, keinen bleibenden, oder sagen wir besser: ewigen Gewinn. Das auf das Diesseits beschränkte Arbeiten und Mühen hat nur für diese Welt Wert. Alles Wühlen unter der Sonne wirft für die Zeit, die wir unter der Sonne verbringen, Gewinn ab. Aber was bleibt nach den siebzig, wenn's hoch kommt achtzig Jahren unseres eitlen Lebens? Was, fragt tausend Jahre nach Salomo der göttliche Lehrer und Retter, hat der Mensch am Ende damit gewonnen, wenn er gar die ganze Welt gewinnt und dabei das wahre Leben nicht gefunden hat?

> *»Was wird es einem Menschen nützen, wenn er die ganze Welt gewönne, aber seine Seele einbüßte?«* (Matth 16,26).

Und Paulus bestätigt die mit dieser Frage gelehrte Wahrheit:

> *»Die Gottseligkeit aber mit Genügsamkeit ist ein großer Gewinn«* (1Tim 6,6).

Hier haben wir wieder das Wort *»Gewinn«*. Worin besteht denn der Gewinn solcher Gottseligkeit? Darin, dass sie die Seele mit dem ewigen Gott und der Ewigkeit verbindet. Einzig im ewigen, unvergänglichen Gott findet die Seele ein Gegenüber nie endenden und nie verblassenden Genusses. Gott zu kennen, Gott zu dienen, von Gott bezwungen zu sein, das ist Gewinn.

»womit er sich abmüht unter der Sonne«: Hier kommt der in diesem Buch 28-mal wiederkehrende Ausdruck zum ersten Mal vor. Er ist für die Botschaft des Buches bezeichnend, stellt doch der Verfasser in seiner von Gott gegebenen Weisheit die Eitelkeit des Diesseits der Substanz der Ewigkeit gegenüber. Wie hätte Salomo einen solchen Satz aussprechen können, hätte Gott ihn nicht gelehrt? Wie kann einer erkennen, dass alle Mühe unter der Sonne eitel ist, wenn er nicht den kennengelernt hat, der über der Sonne ist? So ist also der von Salomo wieder und wieder gebrauchte Ausdruck nicht etwa ein Beleg dafür, dass in diesem Buch nur irdische Weisheit redet; sondern ganz im Gegenteil: Der Ausdruck ist allein schon ein Beleg dafür, dass hier ein Mensch alles Treiben auf der Erde im Licht der Ewigkeit beurteilt, also den Standpunkt des wahrhaft Weisen einnimmt.

Gibt es eine Welt **»unter der Sonne«**, so gibt es auch eine über der Sonne. Jene *»bedarf der Sonne nicht ... denn die Herrlichkeit Gottes hat sie erleuchtet«* (Offb 21,23). In jener unvergänglichen Welt müht sich niemand für nichts ab, dort tun Engel und vollendete Gerechte Werke, die Gott verherrlichen und sie selbst ewig beglücken. Und wer an den Sohn Gottes glaubt, wirkt *»nicht für die Speise, die da vergeht, sondern für die Speise, die da bleibt ins ewige Leben«* (Joh 6,27).

4 Ein Geschlecht geht, und ein Geschlecht kommt; aber die Erde besteht ewiglich.

Hier wird ein erster Grund genannt, warum es keinen Gewinn unter der Sonne geben kann: Generationen von Menschen kommen und gehen, treten auf die Bühne des Lebens, überqueren sie mit wenigen Schritten, machen ihre Pirouetten und Verbeugungen, und schon treten sie wieder ab. Die Bühne ist immer die gleiche, das Spiel und die Rollen, die Masken und die Kostüme ebenso; es wechseln nur die Akteure. Wie eitel ist das alles, ein nie endendes Schauspiel! Alle Faxen und Knickse der Schauspieler können nichts ändern an der Sinnlosigkeit des irdischen Daseins.

Fazit: **Es gibt keine Veränderung im menschlichen Sein.**

5 Und die Sonne geht auf und die Sonne geht unter; und sie eilt ihrem Orte zu, wo sie aufgeht.

»Die Sonne«: Die Lichtquelle bleibt immer dieselbe, und sie erleuchtet immer die gleiche Welt. Sie geht stets am gleichen Ort auf, leuchtet also stets aus der gleichen Richtung. Unter dieser Sonne kann der Mensch seine Erkenntnis nie wirklich erweitern, denn er wird über den engen Horizont jener kleinen Welt, die er mit seinen Sinnen wahrnimmt und die er denken kann, nie hinausgelangen. Er ist selbst Teil dieser Welt *»unter der Sonne«*, kann nie über sie hinausgehen, um sie von außen zu betrachten. Darum wird er immer gleich klug bleiben und mit dem Syrakuser Philosophen Archimedes (285-212 v. Chr.) immer gleich frustriert rufen:

> »Gib mir einen Standpunkt (außerhalb der Erde), und ich bewege die Erde!«[2]

Unter der Eitelkeit irdischer Existenz litt auch *Johann Gottlieb Fichte*, 1762-1814, einer der vornehmsten Vertreter des deutschen Idealismus. Gleich dem großen Archimedes suchte er einen archimedischen Punkt, ohne den alles Sein sinnlos bleiben muss:

2 *Dos moi pû stô kai kinæsô tæn gæn.*

»Ich kann mir die gegenwärtige Lage der Menschheit schlechthin nicht denken, als diejenige, bei der es nun bleiben könne; schlechthin nicht denken, als ihre ganze und letzte Bestimmung. Dann wäre alles Traum und Täuschung; und es wäre nicht der Mühe wert, gelebt und dieses stets wiederkehrende, auf nichts ausgehende und nichts bedeutende Spiel mit getrieben zu haben. Nur inwiefern ich diesen Zustand betrachten darf als ein Mittel eines bessern, als Durchgangspunkt zu einem höheren und vollkommenen, erhält er Wert für mich; nicht um sein selbst, sondern um des Bessern willen, das er vorbereitet, kann ich ihn tragen, ihn achten, und in ihm freudig das Meinige vollbringen. In dem Gegenwärtigen kann mein Gemüt nicht Platz fassen, noch einen Augenblick ruhen; unwiderstehlich wird es von ihm zurückgestoßen; nach dem Künftigen und Bessern strömt unaufhaltsam hin mein ganzes Leben.

Ich äße nur und tränke, damit ich wiederum hungern und dürsten, und essen und trinken könnte, so lange, bis das unter meinen Füßen eröffnete Grab mich verschlänge, und ich selbst als Speise dem Boden entkeimte? Ich zeugte Wesen meinesgleichen, damit auch sie essen und trinken, und sterben, und Wesen ihresgleichen hinterlassen könnten, die dasselbe tun werden, was ich schon tat? Wozu dieser unablässig in sich selbst zurückkehrende Zirkel, dieses immer von neuem auf dieselbe Weise wieder angehende Spiel, in welchem alles wird, um zu vergehen, und vergeht, um nur wieder werden zu können, wie es schon war; dieses Ungeheuer, unaufhörlich sich selbst verschlingend, damit es sich wieder gebären könne, sich gebärend, damit es sich wiederum verschlingen könne? Nimmermehr kann dies die Bestimmung sein meines Seins, und alles Seins. Es muss etwas geben, das da ist, weil es geworden ist; und nun bleibt, und nimmer wieder werden kann, nachdem es einmal geworden ist; und dieses Bleibende muss im Wechsel des Vergänglichen sich erzeugen, und in ihm fortdauern, und unversehrt fortgetragen werden auf den Wogen der Zeit.« (J. G. Fichte: Die Bestimmung des Menschen)

In unserer Kindheit und Jugend mögen wir noch in der glücklichen Illusion gelebt haben, dass diese Welt doch weit und schön sei und dass sie zu erkunden nie endendes Glück bedeuten müsse. Und dann erwachten wir eines Tages und sahen, wie die Sonne die Welt um uns bescheint, die gleiche Welt, die einem immer so aufregend vorgekommen war, und sie war mit einem Mal grau und gewöhnlich geworden. Heinrich Heine hat den Augenblick der bösen Ernüchterung in einem klugen Achtzeiler festgehalten:

Das Fräulein stand am Meere
Und seufzte lang und bang,
Es rührte sie so sehre
der Sonnenuntergang.
Fräulein, sei'n sie munter,
Das ist ein altes Stück.
Dort vorn geht die Sonne unter,
Da hinten kommt sie zurück.

Fazit: **Es gibt keinen Fortschritt in der Erkenntnis.**

6 Der Wind geht nach Süden und wendet sich nach Norden; sich wendend und wendend geht er, und zu seinen Wendungen kehrt der Wind zurück.

Wie der Wind, so das Leben: Bei all seinen Wendungen und Wechselfällen, bei allen Ausweglosigkeiten und Brüchen bleibt sich alles doch gleich. Am Anfang und Ende des menschlichen Lebens ändert sich nichts, an den Voraussetzungen, das Leben gedanklich, wirtschaftlich und existentiell zu meistern, auch nicht.

Fazit: **Es gibt keine qualitative Veränderung menschlichen Seins.**

7 Alle Flüsse gehen in das Meer, und das Meer wird nicht voll; an den Ort, wohin die Flüsse gehen, dorthin gehen sie immer wieder[3].

Ein drittes Mal sagt es uns der Prediger: Es gibt keine Veränderung unserer Lebensbedingungen. Alles kehrt immer wieder dahin zurück, von wo es ausgegangen ist[4]. Das Meer wird nie leer und wird nie voll.

Fazit: **Es gibt keine quantitative Veränderung menschlichen Seins.**

---

3 Amos 9,6

4 Indessen lehrt uns die Natur hier auch Größeres als nur die Eitelkeit allen menschlichen Tuns: *»Now as all rivers return into the sea, whence they came, so the believing soul, habing received all from Christ, returneth all to Christ.«* (Richard Sibbes im Vorwort zu *The Breast-Plate of Faith an Love* von John Preston) Solches kann aber nur das Auge sehen, dem der Gott des Himmels das Auge dazu geöffnet hat. Ulrich Zwingli sagte in seiner Predigt »Von der Gewissheit oder Kraft des Wortes Gottes«: »Das Herz jedes Menschen hofft auf die ewige Freude und fürchtet das ewige Leid. Und es sehnt sich danach, zu seinem Ursprung zurückzukommen wie alle anderen Dinge auch. Das zeigt Salomo im Prediger 1,6-7.«

8 Alle Dinge mühen sich ab: niemand vermag es auszusprechen; das Auge wird des Sehens nicht satt, und das Ohr nicht voll vom Hören[5].

Die erste Hälfte des Verses ist in der vorliegenden Fassung einigermaßen unverständlich. Louis Segond übersetzt: *»Toutes choses sont en travail au-delà de ce qu'on peut dire – alle Dinge mühen sich in einer Weise ab, dass man es nicht beschreiben kann.«* Das ist verständlich. Ebenso Luther: »Es sind alle Dinge so voll Mühe, dass es niemand aussprechen kann. Das Auge sieht sich nimmer satt, und das Ohr hört sich nimmer satt.«

Es mag sich einer noch so abmühen, seine Anstrengung mag unbeschreiblich sein, dennoch werden Auge und Ohr nie voll. Es gibt kein Sattwerden in dieser Welt; denn es gibt keinen entsprechenden Genuss. Warum vermag denn nichts, das zu dieser Schöpfung gehört, unsere Seele bleibend zufrieden zu stellen? Weil sie auf die Ewigkeit angelegt ist. Sie muss daher einen Gegenstand ergreifen können, der ewig ist:

> *»Glückselig eure Augen, dass sie sehen, und eure Ohren, dass sie hören«* (Mt 13,16).

Was sehen, was hören diese Glückseligen, von denen Jesus hier redet? Sie sehen den, der dem Menschen das Auge geschenkt, sie hören die Stimme dessen, der ihm das Gehör gegeben hat. Sie sehen den, der nie erschaffen wurde, sie hören die Stimme, die keines Geschöpfes ist. Das allein macht den Sehenden und Hörenden »glückselig«. Wer seine Stimme gehört und ihn gesehen hat, sucht nichts anderes mehr.

I have heard the voice of Jesus,	Ich habe die Stimme Jesu gehört,
Tell me not of aught beside.	Erzähle mir nicht etwas Nebensächliches.
I have seen the face of Jesus,	Ich habe das Antlitz Jesu gesehen,
All my soul is satisfied.	Meine Seele ist ganz und gar zufriedengestellt.

5 Sprüche 27,20; 30,15

So dichtete die Tochter Georg Müllers kurz vor ihrem Heimgang. Wer aber seine Stimme nie gehört hat, wird Sigmund Freud rechtgeben wollen:

> »Die Absicht, dass der Mensch glücklich sei, ist im Plan der Schöpfung nicht enthalten.«

Fazit: **Es gibt keine Befriedigung im bloß menschlichen Sein.**

9-10 Das, was gewesen, ist das, was sein wird; und das, was geschehen, ist das, was geschehen wird. Und es ist gar nichts Neues unter der Sonne. Gibt es ein Ding, von dem man sagt: Siehe, das ist neu – längst ist es gewesen in den Zeitaltern, die vor uns gewesen sind.

Schließlich wird, nachdem auf Sonne, Wind und Regen gezeigt worden ist, zusammenfassend in der aller allgemeinsten Form gesagt: *»das, was«* ist, war bereits. Es gibt in der Tat *nichts Neues unter der Sonne*. Unter der Sonne bleibt alles Geschehen *den Gesetzen unterworfen*, die diese Welt der Sinne bestimmen. Diese Gesetze können nicht durchbrochen werden; darum kann es nichts wirklich Neues geben, sondern nur *Variationen* der immer gleichen Dinge. Der geniale schwedische Arbeitersänger Nils Ferlin drückte das im nachstehenden Lied treffend aus. Für die glücklichen Leser, die Schwedisch können, biete ich die Zeilen zuerst im Original:

Aristion löpte från Maraton till Atén
i ett ärende.
Du skulle hat gett mej ett sådant ärende,
liv.
Fullständigt meningslöst
springer jag runt i mitt ekorrhjul.

Aristion lief von Marathon nach Athen
in einem Auftrag.
Du hättest mir einen solchen Auftrag geben müssen,
Leben.
Völlig sinnlos
renne ich herum in meinem Hamsterrad.

»*Fullständigt meningslöst springer jag runt i mitt ekorrhjul* – Völlig sinnlos renne ich herum in meinem Hamsterrad.« Wie Nils

Ferlin im Hamsterrad hat sich so mancher gefühlt, unter ihnen Friedrich Nietzsche:

> »Denken wir diesen Gedanken in seiner furchtbarsten Form: das Dasein, so wie es ist, ohne Sinn und Ziel, aber unvermeidlich wiederkehrend, ohne ein Finale ins Nichts: ›die ewige Wiederkehr‹.«

Nietzsches auf seine Weise unheimlich wahrer Begriff von der »ewigen Wiederkehr« ist wie das Echo auf Salomos verzweifelten Ausruf: **»Es gibt nichts Neues unter der Sonne. Das was gewesen ist, ist das, was sein wird.«** Daher müssen wir auf die Frage »Gibt es ein Ding, von dem man sagt: Siehe, das ist neu?« zunächst mit Nein antworten. Zunächst, sagen wir; denn das Neue Testament unseres Herrn und Heilandes Jesus Christus sagt:

> *»Ist jemand in Christus, ist er eine neue Schöpfung«* (2Kor 5,17).

Das ist wahrhaft Neues, denn es gehört nicht zu dieser Schöpfung. Es ist eine neue Schöpfung des jenseitigen Gottes. Sie beginnt mit einer *neuen* Geburt (Joh 3,3.5), und sie führt den Neugeborenen in jene Welt ein, die einst als neue Schöpfung diese sichtbare Schöpfung verdrängen wird:

> *»Und ich sah einen neuen Himmel und eine neue Erde; denn der erste Himmel und die erste Erde waren vergangen, und das Meer ist nicht mehr«* (Offb 21,1).
> *»Siehe, ich mache alles neu«* (Offb 21,5).

Zu jener neuen Schöpfung gehört das *neue Lied* der Erlösten (Offb 5,9; 14,3). Die Erlösten singen, sie singen ein Lied nie endender Freude und reinen Genusses. Wo hat es das **»unter der Sonne«** gegeben? Nie und nirgends. So sagte Schiller ganz recht – obwohl er wahrscheinlich nicht wusste, wie Recht er hatte:

> »Was sich nie und nirgends hat begeben,
> Das allein veraltet nie.«[6]

---

6 Das Zitat stammt aus dem fünfstrophigen Gedicht »An die Freunde«, dessen letzte Strophe lautet: Größres mag sich anderwo begeben / Als bei uns in unserm kleinen Leben / Neues - hat die Sonne nie gesehn. / Sehn wir doch das Große aller Zeiten / Auf den Brettern, die die Welt bedeuten, / Sinnvoll, still an uns vorübergehn. Alles wiederholt sich nur im Leben, Ewig jung ist nur die Phantasie. / Was sich nie und nirgends hat begeben, / Das allein veraltet nie.

Der einstige Hedonist (= Genießer des Lebens) Augustin aber wusste genau, was er sagte:

> »Wer die irdischen Dinge liebt, singt das alte Lied; wer ein neues Lied singen will, der liebe die ewigen Dinge.«[7]

11 Da ist kein Andenken an die Früheren; und für die Nachfolgenden, die sein werden, für sie wird es auch kein Andenken bei denen geben, welche später sein werden.

»Da ist kein Andenken an die früheren Dinge«: Das ist der Grund, warum wir immer wieder meinen, etwas, das *uns* neu vorkommt, sei wirklich neu. Dabei haben wir nur vergessen, was schon einmal war, und weil wir es vergessen haben, meinen wir, es sei neu. Schon die alten Griechen wussten, dass alle *mathæsis* nur *anamnæsis*, alles Lernen nur Erinnern ist.[8]

Es gibt einen besonders eitlen Versuch, der Eitelkeit menschlichen Daseins zu entrinnen, nämlich seinen Namen, seine Taten oder seine Werke unsterblich zu machen. Wahrlich, ein eitles Unterfangen! Denn inwiefern ist der hingeschiedenen Berühmtheit damit geholfen, dass die Hinterbliebenen ihr Gedächtnis in Ehren halten?

Nun – lass es gut sein.
Wenn der Tod mir droht,
Wenn er für alle Zeit mich inhaftiert,
Dann leben diese – meine – Worte fort,
Sie überleben den, der eben stirbt.

---

7 In seinen »Bekenntnissen« sagt Augustin: »Meine Seele soll dich preisen in den Dingen, Gott, du Schöpfer des All, aber sie soll nicht an ihnen haften in sündiger Liebe mit den Sinnen des Leibes. Denn alles geht, wohin es immer ging, dass es nicht sei ...« (Confessiones III, 10).

8 Das schön gereimte Schlagwort stammt von Platon, der allerdings etwas anderes darunter verstand als Salomo, dass nämlich unser ganzer Lernprozess nichts anderes sei als ein schrittweises Zurückfinden zur Erkenntnis, die wir als präexistente Seelen hatten. Zwar ist Platons Deutung falsch, aber die Beobachtung, die ihn zu dieser Deutung führte, war korrekt, und insofern war er unendlich gescheiter als die platten Fortschrittsgläubigen unserer Tage, die meinen, unsere philosophischen, soziologischen und psychologischen Einsichten seien den Menschen früherer Jahrhunderte nicht bekannt gewesen. Es war auch ein kluger Kopf - ich glaube, es war Popper -, der bescheiden genug war zu sehen, dass alles Philosophieren seit der Antike zum Denken Platons nur Fußnoten hat beitragen können.

So dichtete der Nobelpreisträger *Boris Pasternak* (Zwei Sonette, nach Shakespeare). Können seine Worte seine Zunge kühlen, wenn er am Ort der Qual ist? Können alle nach Gottfried Keller benannten Straßen und Plätze seine Seele trösten, wo er sie doch nicht sieht? Und sähe er sie, welche Genugtuung bieten sie ihm in jener Welt, wo mit anderer Elle gemessen wird als hier? Wer in der Hölle ist, dem hilft sein in der Welt der Menschen nachhallender Ruhm nicht; und wer im Himmel ist, der braucht diesen Ruhm nicht.[9]

Wie glückselig anders steht es um den Gerechten! Sein Name und sein Gedächtnis bleiben und sind den Hinterbliebenen zum Segen (Spr 10,7)[10]. Unser Herr und Gott hat selbst dafür gesorgt, dass der Gerechte und seine Gerechtigkeit nicht vergessen werden (Mt 26,13). Wer kennt nicht die Namen Abraham, Mose und David, die alle vor etlichen tausend Jahren lebten? Und wer könnte *den Gerechten* je vergessen? Seit bald zweitausend Jahren wird an jedem ersten Tag der Woche auf der ganzen Erde von Myriaden dankbarer Menschen ein Mahl zu seinem Gedächtnis gefeiert (Lk 22,19)!

Aber auch in einem ganz anderen und für uns Lebende tragischeren Sinn ist **»kein Andenken an die Früheren«**: Das Verbleichen aller, die vor uns lebten, und ihr Abtauchen in vollständige Bedeutungslosigkeit müsste uns Lebenden zur Mahnung dienen. Wären wir nicht von solch verbissener Narrheit, lehrte uns die Bibel zu erkennen:

> *»Siehe, Handbreiten gleich hast du meine Tage gemacht, und meine Lebensdauer ist wie nichts vor dir; ja, eitel Hauch ist jeder Mensch, der dasteht«* (Ps 39,6).

und erkennend zu beten:

> *»So lehre uns denn zählen unsere Tage, auf dass wir ein weises Herz erlangen!«* (Ps 90,12).

---

9 Einige sind so versessen, mindestens einmal im Leben in den Schlagzeilen zu stehen und dadurch einen Platz im Lexikon und damit im Gedächtnis der Nachwelt zu finden, dass sie wie Herostrat eine Wahnsinnstat begehen. Jener Narr zündete das Artemision in Ephesus an, und tatsächlich steht sein Name noch heute in Enzyklopädien.

10 Wir danken heute noch Gott für die Werke und die Wirkungen eines Luther und eines Calvin, eines Whitefield und eines Zinzendorf, eines Spurgeon und eines Booth.

Aber fast keiner denkt an die Toten und denkt daran, dass er selbst bald davon muss.

Denk es, o Seele!

Ein Tännlein grünet wo,
Wer weiß im Walde,
Ein Rosenstrauch, wer sagt,
In welchem Garten?
Sie sind erlesen schon,
Denk es, o Seele,
Auf deinem Grab zu wurzeln
Und zu wachsen.
Zwei schwarze Rösslein weiden
Auf der Wiese,
Sie kehren heim zur Stadt
In muntern Sprüngen.
Sie werden schrittweis gehn
Mit deiner Leiche;
Vielleicht, vielleicht noch eh
An ihren Hufen
Das Eisen los wird,
Das ich blitzen sehe!

Das feine *Memento Mori* (= Gedenke, dass du sterben musst!) von Eduard Mörike ist kraftlos, so schön es ist. Das heißt, es weckt einige hehre Empfindungen, die so schnell verblassen, wie sie entstanden, mehr nicht, denn es weist nicht auf Gott und die Ewigkeit hin. Man kann sich sogar mit Friedrich Dürrenmatt eingestehen:

> »Wir verdrängen den Tod. Wir leben, als ob wir unsterblich wären, obgleich wir ihm immer wieder begegnen.«

Und doch ist uns damit nicht geholfen.

Wie anders sind die Gebete heiliger Männer wie Davids und Moses! Ihre Gebete bewegen bis zum heutigen Tag den Heiligen, so zu beten wie sie. Die Seufzer aus ihrer zitternden Seele fuhren auf zu Gott. Sie lassen uns mit ihnen seufzen, wir beten mit ihren Worten, und unsere Seele fährt wie auf Schwingen hinauf zum EWIGEN. Und da gehören wir hin, weil wir Menschen sind.

1. Studieren und Probieren (1,12 - 2,11)

a) Studieren: die theoretische Methode (1,12-18)
b) Probieren: die empirische Methode (2,1-10)
c) Ergebnis (2,11)

Nachdem Salomo in der Einleitung das Ergebnis seiner Suche vorweggenommen hat, beschreibt er in den neun nachfolgenden Abschnitten seines Buches die Suche selbst. Im ersten Abschnitt legt er die *Methode* seines Forschens dar. Es sollte uns nicht überraschen, dass er sich jener beiden Verfahren bediente, die bis zum heutigen Tag aller Wissenschaft dienen müssen; es sind die Methoden, die dem aufs Diesseits beschränkten Menschen als einzige offenstehen: Studieren und Probieren, wie man es seit jeher landläufig nennt. Wir können uns auch gewählter ausdrücken und von theoretischer und empirischer Methode reden, aber das kann unsere Hilflosigkeit im Blick auf unser Streben nach Erkenntnis auch nicht verbergen.

a) Studieren: die theoretische Methode (1,12-18)

Hier haben wir das Streben des faustischen Menschen, der »immer strebend sich bemüht« und so hofft, auf seine Weise erlöst zu werden. Salomo wollte wissen, ob er die Welt gedanklich zu durchdringen und zu erklären und so einen höheren Sinn finden könne. Seine Suche scheiterte, und zwar aus zwei Gründen: Erstens hat der Mensch nicht die Mittel, denkend die Welt zu erfassen, zweitens hilft alles Denken weder dem Denkenden noch den anderen, für die man denken mag, über die wirklichen Probleme seiner Existenz hinweg.

12 Ich, Prediger, war König über Israel, in Jerusalem.

Der Prediger war **»König«:** Er besaß alle Mittel und alle Möglichkeiten, seine Nachforschungen anzustellen. Bessere Voraussetzungen kann man nicht haben.

13 Und ich richtete mein Herz darauf, alles mit Weisheit zu erforschen und zu erkunden, was unter dem Himmel geschieht: ein übles Geschäft, das Gott den Menschenkindern gegeben hat, sich damit abzuplagen.

»Ich richtete mein Herz darauf«: Ein nobler Vorsatz, alles mit Weisheit zu erforschen. Wir können Salomo nicht den Vorwurf machen, er habe es nicht gewagt, sich seines Verstandes zu bedienen. Bekanntlich sagte Kant, die Faulheit und die Feigheit sei die Ursache, warum die Menschen unmündig geblieben und noch nicht »aufgeklärt« seien:

> »*Aufklärung ist der Ausgang des Menschen aus seiner selbst verschuldeten Unmündigkeit. Unmündigkeit* ist das Unvermögen, sich seines Verstandes ohne Leitung eines anderen zu bedienen. *Selbstverschuldet* ist diese Unmündigkeit, wenn die Ursache derselben nicht am Mangel des Verstandes, sondern der Entschließung und des Mutes liegt, sich seiner ohne Leitung eines anderen zu bedienen. Sapere aude! Habe Mut, dich deines *eigenen* Verstandes zu bedienen! ist also der Wahlspruch der Aufklärung.«

Es fehlte Salomo sicher nicht am »Mut, sich seines eigenen Verstandes zu bedienen« und ohne »Leitung eines anderen«, ohne göttliche Offenbarung, zu denken. Größere Intelligenz haben zudem wenige gehabt, mit der sie sich an ihren Vorsatz machen konnten. Dennoch musste auch ein Salomo am Ende klagen: Ein übles Geschäft. Warum ist es übel? Weil es an kein Ende führt, keine echten Ergebnisse zeitigt. Das war auch die resignierte Einsicht Goethes, eines anderen genialen Mannes:

> Habe nun, ach! Philosophie,
> Juristerei und Medizin
> Und leider auch Theologie
> Durchaus studiert mit heißem Bemüh'n.
> Da steh ich nun, ich armer Tor!
> Und bin so klug als wie zuvor.

14 Ich habe alle die Taten gesehen, welche unter der Sonne geschehen; und siehe, alles ist Eitelkeit und ein Haschen nach Wind.

»Eitelkeit und ein Haschen nach Wind«: Nicht genug damit, dass alles eitel ist; es bleibt auch so; denn alles heiße Bemüh'n lässt die Seele am Ende so viel besitzen, wie die flinkeste Hand vom Wind behält, nachdem sie ein Leben lang versucht hat, ihn zu fangen. Die höchste Einsicht, die alles Nachdenken und Beobachten liefern kann, ist die: Alles ist sinnlos; alles ist zwecklos; und es bleibt immer zwecklos. Es ist zwar gut, wenigstens so viel zu wissen; aber es ist doch erbärmlich wenig, wenn man als Summe aller gefundenen Weisheit nur den kanonischen Satz hinterlassen kann:

»Ich weiß, dass ich nichts weiß« (Sokrates).

15 Das Krumme kann nicht gerade werden, und das Fehlende kann nicht gezählt werden.

Hier werden die zwei Ursachen genannt, warum alles bloße Philosophieren, alles Grübeln »ohne Leitung eines andern« ergebnislos und ärgerlich bleiben muss:

a) Alles Wissen, wie der Mensch sein sollte, kann den Menschen nicht verändern.
b) Wir kommen nie hinter des Geheimnis des Woher und Wozu des Menschengeschlechts, weil uns die wichtigsten Informationen fehlen.

»Das Krumme kann nicht gerade werden«: Wenn wir die Augen offen halten, merken wir bald, dass der Mensch krumm ist, und wir wissen auch, dass er gerade sein sollte, »edel, hilfreich und gut«, wie die deutschen Aufklärer so schön sagten. Aber kein Nachdenken und keine theoretische Erkenntnis über den Menschen und dessen Natur kann irgendwelche sittliche Kraft vermitteln. Er ist krumm, die Bibel sagt *»verdreht und verkehrt«* (Phil 2,15). Anstatt dass er gerade auf Gott hin ausgerichtet ist, hat er sich in sich hinein verbogen, er ist zum *homo incurvatus in se ipsum* (in sich gekrümmten Menschen) geworden, wie die Reformatoren sagten und wie die Aufklärer wohl wussten. Diese meinten nun, man müsse den Menschen nur richtig unterweisen, dann werde er schon gerade. »Die Erziehung des Menschengeschlechts« lautete der programmatische Titel der letzten Schrift des gesamten Lebenswerkes Lessings. Da ist alles edel gedacht und schön gesagt. Aber wir wissen, dass Salomo recht hatte. Die Aufklärung hat den Krummen nicht gerade gemacht; die hoch gepriesene Bildung hat den Charakter nicht gebildet, alles Wagen, sich Wissen anzueignen, hat den Menschen nicht geadelt.

»Das Fehlende kann nicht gezählt werden«: Zur ersten Enttäuschung kommt die zweite: Zu erklären, »was die Welt / im Innersten zusammenhält«, genügen die unzulänglichen Mittel unseres bloßen Verstandes nie, und haben wir noch so großen Mut und haben wir unseren Verstand noch so fleißig und selbständig gebraucht. Es fehlen uns zu wichtige Auskünfte über die Welt, als dass wir je hinter die geheimnisvolle Weltformel kommen könnten. Wir waren am Anfang nicht dabei, als die Welt entstand; wir sind ja selbst ein Teil von ihr. Wie wollen wir jenes Bild betrachtend analysieren, von dem wir selbst ein Bestandteil sind? *»Vous êtes embarqués«*, sagt Blaise Pascal, »ihr sitzt selbst im Boot«, und begründet damit eben die Unmöglichkeit des objektiven Erkennens und Durchdringens der Welt und der Zeit. Deshalb fährt er fort und sagt:

> *»Le vrai philososphe se moque de la philosophie* – Der wahre Philosoph macht sich über die Philosophie lustig.«

Einer der wirkliche Großen unter den Historikern, der Basler Jakob Burckhardt (1818-1897)[11], glich darin Pascal, dass er bei all seinem historischen Forschen ein Skeptiker blieb, der seine eigenen Ansichten stets mit einer Prise Selbstironie von sich gab. Entsprechend hielt er alle Versuche der Geschichtsphilosophen, den Gang der Welt zu ergründen und ein Programm der Weltgeschichte ankündigen zu wollen, für *»ein freches (Hegelsches) Antizipieren* (= Denken mit vorgefasster Meinung) *eines Weltplans«*.

Wir wissen eigentlich, dass Pascal und Burckhardt recht haben, weshalb uns eine gewisse Bescheidenheit beim Sinnieren über den Weltenbau ganz gut zu Gesicht stünde. Wie eitel der selbstgefällige Tieftaucher in die Urgründe der Weltseele ist, hat Heinrich Heine in seinem blitzgescheiten Verslein gesagt:

> Zu fragmentarisch ist Welt und Leben!
> Ich will mich zum deutschen Professor begeben.
> Der weiß das Leben zusammenzusetzen,
> Und er macht ein verständlich System daraus;
> Mit seinen Nachtmützen- und Schlafrockfetzen
> Stopft er die Lücken des Weltenbaus.

---

11 Sein bekanntestes Werk »Weltgeschichtliche Betrachtungen« gehört zum Intelligentesten, was Historiker über den Gang der Geschichte *als Historiker* geschrieben haben.

16 Ich sprach in meinem Herzen und sagte: Siehe, ich habe Weisheit vergrößert und vermehrt über alle hinaus, die vor mir über Jerusalem waren, und mein Herz hat Fülle von Weisheit und Erkenntnis gesehen[12];

Der Geist eines Menschen mag noch so groß sein, und man mag ihn bis zum Äußersten anspannen, es ist umsonst. Ob Däumling oder Hüne ist einerlei: Keiner kann die Sterne vom Himmel holen. Der menschliche Geist ist ganz einfach zu klein, auch wenn er bei einigen Leuten wie Salomo **»über alle hinaus«** weit sein mag und obendrein noch randvoll ist. Kein Verstand ist so groß, dass er dahin dringen könnte; und kein Arm so lang, dass er dahin reichte. Wir vermögen ja nicht einmal das, was unter der Sonne ist, mit unseren Gedanken auszuloten und zu umschließen. Können wir dieses verhältnismäßig Geringe nicht, wie sollten wir das Größere, nämlich den alles verursachenden Grund, fassen wollen? Das Ergebnis bleibt das gleiche:

17 und ich habe mein Herz darauf gerichtet, Weisheit zu erkennen und Unsinn und Torheit zu erkennen: ich habe erkannt, dass auch das ein Haschen nach Wind ist.

Es bleibt alles kluge Streben so erfolgversprechend, wie der Versuch, den Wind zu fangen. Der Weise, der sogar gelehrte Betrachtungen über »die Macht der Dummheit« (so der Titel eines Buches eines französischen Gegenwartsphilosophen) anstellen mag, wird am Ende genauso wenig wie die von ihm durchleuchteten Narren wissen. Insgeheim mag er sie um ihre viehisch-trübe Gedankenlosigkeit zuweilen noch beneiden; denn er weiß nur zu gut:

18 Bei viel Weisheit ist viel Verdruss: und wer Erkenntnis mehrt, mehrt Kummer.

Das ist letztlich der Lohn für das Suchen und Finden großer Weisheit: ebenso großer Verdruss. Das ist nun wirklich ein niederschmetterndes Ergebnis. Wir mögen die Erkenntnis noch so mehren, es bringt uns dem angestrebten Ziel nicht näher. Wir können uns noch so viel Wissen aufhäufen, es verschärft nur den Weltschmerz. Es ist unendlich verdrießlich, auf Schritt und Tritt beidem begegnen zu müssen: der Unzulänglichkeit unserer Mittel und der Kraftlosigkeit unseres Wissens. Je mehr einer wirklich weiß, desto klarer erkennt er die ungeheuren Lücken des Wissens, die man *nie*

12 1. Könige 5,10-11

wird schließen können. Und je gründlicher einer sich und die Welt erkennt, desto größer muss sein Pessimismus bezüglich des Menschen werden. Das meinte Nietzsche, als er sein bekanntes Wort ausspie:

> »*Tout comprendre, c'est tout mépriser* – alles verstehen heißt alles verachten.«

Der Mensch ist, wie er an sich selbst erkennen muss, unverbesserlich. Mithin: Der ganze Weg unseres Suchens und Forschens muss falsch sein. Wir hätten es eigentlich längst wissen können, wissen müssen, wie es *Matthias Claudius* im berühmtesten und auch schönsten aller deutschen Abendlieder ausgedrückt hat:

> Wir stolzen Menschenkinder
> Sind eitel arme Sünder
> Und wissen gar nicht viel;
> Wir spinnen Luftgespinste,
> Und suchen viele Künste,
> Und kommen weiter von dem Ziel.

Als Gegensatz merken wir uns: Das Ergebnis göttlicher Belehrung ist nicht Verdruss, sondern Vertrauen (Spr 22,19), nicht ein lähmendes Gefühl der Sinnlosigkeit und Ohnmacht, sondern ein stilles Vergnügen daran, dass Gott all das weiß und all das vermag, was ich nicht wissen und nicht bewältigen kann, dass ich aber diesem großen Gott vertrauen kann.

Kapitel 2

b) Probieren: die empirische Methode (2,1-10)

Auf die philosophische Suche erfolgt die pragmatische Suche. Hier wird die Frage beantwortet, ob ich mich durch meine Geschäfte, durch Essen und Trinken, durch Sport und Spiel, durch wirtschaftliche, soziale oder kulturelle Leistungen verwirklichen könne.

1 Ich sprach in meinem Herzen: Wohlan denn, versuch es mit der Freude und genieße das Gute! Aber siehe, auch das ist Eitelkeit.

»Versuch es mit der Freude«: Salomo spricht zu seinem eigenen Herzen oder zu seiner Seele: »Wohlan, meine Seele, ich will doch sehen, ob ich dich nicht durch Freude zufriedenstellen kann!« Luther hat den Sinn sehr gut getroffen: »Ich sprach in meinem Herzen: Wohlan, ich will wohl leben und gute Tage haben!«

Nachdem König Salomo gegrübelt und daran nicht klüger geworden ist, macht er sich jetzt daran, durch Ausprobieren gescheit zu werden. Es könnte ja sein, dass wir hier zu einem Ergebnis kommen. Bevor er die verschiedenen Felder menschlichen Tuns aufzählt, auf denen er sich tummelte, nennt er wie im vorhergehenden Abschnitt das Ergebnis schon im Voraus. Alles, was der Genuss des »Guten« einbrachte, war am Ende die Erkenntnis:

»Auch das ist Eitelkeit.«

2 Zum Lachen sprach ich, es sei unsinnig; und zur Freude, was sie denn schaffe!

Das Lachen, das seine Beschäftigungen erregen mochten, und die flüchtige Freude, die sie gewährten, konnten das furchtbare Bewusstsein der Sinnlosigkeit all seines Tuns nicht ersticken. Er hatte in besseren Jahren bereits gewusst:

> *»Auch beim Lachen hat das Herz Kummer, und ihr, der Freude, Ende ist Traurigkeit«* (Spr 14,13).

Laut ist das Lachen, aber kurz; es verhallt und nichts bleibt zurück:

> *»Denn wie das Geknister der Dornen unter dem Topfe, so das Lachen des Toren. Auch das ist Eitelkeit«* (Pred 7,6).

Das Lachen ist, wenn man es um seinetwillen sucht, unsinnig. Und die Freude, wenn sie ein Selbstzweck ist, schafft nichts: Sie befreit uns nicht vom quälenden Gefühl der Sinnlosigkeit all unserer Geschäfte.

3 Ich beschloss in meinem Herzen, meinen Leib durch Wein zu pflegen, während mein Herz sich mit Weisheit benähme und es mit der Torheit zu halten, bis ich sähe, was den Menschenkindern gut wäre, unter dem Himmel zu tun die Zahl ihrer Lebenstage.

»Ich beschloss in meinem Herzen«: Salomo hält Rückschau auf die Jahre, in denen er seinen Leib mit Wein pflegte (und damit den guten Rat, den ihm seine Mutter Bathseba in seiner Jugend gegeben hatte, missachtete: Spr 31,4). Dabei probierte er die beiden Möglichkeiten wie man genießen kann: **»mit Weisheit«** oder **»mit Torheit«**. Der geschickte Genießer und wahre Lebenskünstler versteht es, immer maßvoll zu bleiben und so den Genuss zu verlängern und schlechte Folgen zu vermeiden. Der törichte Genießer frisst und säuft sich so voll, dass er erstens die Lust an der Sache verkürzt und dass er zweitens immer wieder einen Katzenjammer ausbaden muss. Aber der weise Genießer ist nur in dieser Welt der Weisere; er verliert seine Seele ebenso wie der törichte Genießer und ist darum kein geringerer Tor, im Gegenteil: Er ist gerade umso viel törichter, als er sich in seiner Eitelkeit dem derben Fresser und Säufer überlegen wähnt. Worin soll denn, bitte, seine größere Weisheit bestehen? Wie der Narr fährt der Gescheite in die Hölle. Worin unterscheidet er sich dann von ihm?

4 Ich unternahm große Werke: Ich baute mir Häuser, ich pflanzte mir Weinberge;
5 ich machte mir Gärten und Parkanlagen, und pflanzte darin Bäume von allerlei Frucht;
6 ich machte mir Wasserteiche, um daraus den mit Bäumen sprossenden Wald zu bewässern.
7 Ich kaufte Knechte und Mägde und hatte Hausgeborene; auch hatte ich ein großes Besitztum an Rind- und Kleinvieh, mehr als alle, die vor mir in Jerusalem waren.
8 Ich sammelte mir auch Silber und Gold und Reichtum der Könige und Landschaften; ich schaffte mir Sänger und Sängerinnen, und die Wonnen der Menschenkinder: Frau und Frauen.
9 Und ich wurde groß und größer, mehr als alle, die vor mir in Jerusalem waren. Auch meine Weisheit verblieb mir.
10 Und was irgend meine Augen begehrten, entzog ich ihnen nicht; ich versagte meinem Herzen keine Freude, denn mein Herz hatte Freude von all meiner Mühe, und das war mein Teil von all meiner Mühe.

Fassen wir die Dinge zusammen, die Salomo ausprobiert hatte, um durch Probieren schlau zu werden. Es ist eine imposante Liste:

- Er pflegte seinen Leib mit Essen und Trinken (V. 3)
- Er war Bauherr, Landschaftsgestalter und Lebensmittelproduzent (V. 4-6)
- Er war Unternehmer und Arbeitgeber (V.7)
- Er war erfolgreicher Viehzüchter (V. 7)
- Er profilierte sich als Finanzmagnat (V. 8)
- Er war Genießer und Förderer der schönen Künste (V. 8)
- Er konnte sich mit ausgesucht schönen Frauen umgeben (V. 8)
- Er genoss als politisch Mächtiger Ansehen und Bewunderung (V. 9)

- Er war ein überragend großer Gelehrter (V. 9)
- Er verstand es, die Lüste all seiner Sinne zu befriedigen (V. 10).

Hier steht ein Mensch vor uns, der für unsere Empfindungen überlebensgroß ist; es ist so, als ob heute jemand Goethe und Einstein, Bismarck und Rothschild, Mäcenas und Lucull in einer Person wäre. Wir meinen, nur in einem dieser Bereiche ein Genie zu sein, müsse schon das Leben tief, reich und voll machen, und da sagt uns jemand, dass er in allem alles bis zum Äußersten trieb und genoss, und dann behauptet er, es sei ein eitles Jagen nach dem Nichts gewesen. Wenn das stimmt, dann gibt es wirklich keine Hoffnung auf ein erfülltes Leben unter der Sonne.

c) Ergebnis (2,11)

Zum ersten Mal nennt Salomo hier die Freude als das Ergebnis seines Suchens und Schaffens. Er sagt noch nicht viel, so dass wir uns hier fragen, wie er das meint. Aber Geduld: Er wird etwas weiter unten erklären, was es mit dieser Freude auf sich hat, um im Lauf seiner Predigt wiederholt darauf zurückzukommen.

10 Und was irgend meine Augen begehrten, entzog ich ihnen nicht; ich versagte meinem Herzen keine Freude, denn mein Herz hatte Freude von all meiner Mühe, und das war mein Teil von all meiner Mühe.

Als Ergebnis all seines Tuns blieb nichts weiteres, als der momentane Genuss, den es gewährte. Und hierin war Salomo noch eine glückliche Figur; denn er hatte Gelingen in seinem Tun, kein Vorsatz wurde ihm verwehrt, und er durfte sich an seinen Werken ergötzen. Und das ist an sich auch gar nicht falsch. Bekanntlich war William Carey, dieser große Heilige und Diener Christi, ein passionierter Gärtner, der in seinen Garten in Serampore Bäume, Sträucher und Blumen aus aller Welt holte und aufzog und sich täglich an ihnen ergötzte.

Von bleibendem Wert und damit von wahrem Sinn – Sinn verstanden als Zuordnung auf etwas Höheres – blieb aber bei aller Freude an diesen unschuldigen Vergnügungen nichts. Alles, was Salomo »davon hatte«, war die momentane Freude an der Sache, denn immerhin konnte er sagen: Mein Herz hatte Freude von all meiner Mühe. Und er gestand sich auch ein: **»Das war mein Teil von all meiner Mühe.«** Das ist nicht viel; und das muss verdrießlich sein, wenn man Höheres und Größeres dahinter sucht. Dieses Höhere und Größere wirft aber keine Geschäftigkeit ab.

11 Und ich wandte mich hin zu allen meinen Werken, die meine Hände gemacht, und zu der Mühe, womit ich wirkend mich abgemüht hatte: und siehe, das alles war Eitelkeit und ein Haschen nach Wind; und es gibt keinen Gewinn unter der Sonne.

»Und ich wandte mich hin zu allen meinen Werken, die meine Hände gemacht«: Matthew Henry macht hier einen schönen Vergleich:

> »Wir haben hier endlich das Urteil, das er nach gutem Überlegen gab. Als der Schöpfer alle seine Werke vollendet hatte, überblickte er sie, und siehe, es war alles sehr gut. Er hatte Gefallen an allem. Als hingegen Salomo alle Werke, die seine Hände gemacht hatten, überblickte, Werke, um die er mit äußerster Sorgfalt wirkend sich abgemüht hatte, um sich selbst leicht und froh zu machen, entsprach nichts seiner Erwartung: Und siehe, das alles war Eitelkeit und ein Haschen nach Wind. Er fand keine Befriedigung darin.«

Das Fazit von Salomos Probieren deckt sich mit dem Fazit seines Studierens:

»Alles ist Eitelkeit und ein Haschen nach Wind«: Musste er zuerst klagen, viel Wissen bringe nichts als ebenso viel Verdruss (1,18), kann er von all seiner Geschäftigkeit nur sagen: **»Es gibt keinen Gewinn unter der Sonne.«** Es bleibt am Ende von all seinen imposanten Unternehmungen nichts zurück. Er kann seinen Alltag zwar damit ausfüllen und ein nach menschlichen Maßstäben glückliches Leben führen, aber es schaut nichts Bleibendes heraus. Wenn aber der Mensch für die Ewigkeit geschaffen ist und er nichts Ewiges gewirkt hat, dann ist alles Wühlen und Schaufeln ein gigantisches Nichts gewesen. Was, so fragen wir mit dem Sohn Gottes erneut, gewinnt der Mensch, wenn er die ganze Welt gewonnen haben mag, dabei aber sein Leben, das ewige Leben, nicht fand? Umgekehrt fragen wir: Was hat einer verloren, der in dieser Welt so elend gewesen sein mag wie Lazarus vor der Pforte des reichen Prassers, wenn er das wahre Leben gefunden hat? Die Antwort ist bald gegeben:

»Kind, gedenke, dass du dein Gutes völlig empfangen hast in deinem Leben und Lazarus gleicherweise das Böse; jetzt aber wird er hier getröstet, du aber leidest Pein« (Lk 16,25).

Der englische Bibelausleger Charles Bridges schreibt in seinem ausgezeichneten kleinen Kommentar zum Buch Prediger:

»Verwechsle daher nicht den Glanz aller Herrlichkeiten dieser Welt mit wahrem Glück. Gott will, dass wir uns unserer Arbeit und ihrer Früchte erfreuen, dass wir unsere irdischen Segnungen genießen, nicht aber, dass wir in ihnen unsere Ruhe suchen — *»die sich Freuenden als sich nicht Freuende«* (1Kor 7,30). Ein momentanes Vergnügen ist alles, das erwartet werden kann. So lass denn die Erde lediglich die Zisterne sein, nicht der Quell ... lass nichts auf der Erde deine Ruhe sein — Gott hat seinen Erlösten nie ein so armseliges Teil zugedacht.[13] Unsere Ruhe kann nur in den unveränderlichen Verheißungen sein. Wahre Freude, wahrer Genuss findet sich dann, wenn Gott in der Mitte und der Erretter uns ‹Schatztruhe und Schlüssel aller guten göttlichen Gaben ist›, wie einer der deutschen Reformatoren sagte. Was waren schon die Genüsse von Salomos irdischen Paradiesgärten verglichen mit der unaussprechlichen Wonne, welche das Kosten *»vom Baume des Lebens, welcher in dem Paradiese Gottes ist«* (Offb 2,7), bereitet?

2. Weisheit und Torheit (2,12-26)

a) Der relative Vorzug der Weisheit vor der Torheit (2,12-16)
b) Heilsame Ernüchterung (2,17-23)
c) Ergebnis (2,24-26)

---

13 Man vergleiche den Grund der Freude des Christen mit der verzeifelten Hoffnung des Diesseitsmenschen, in der vergänglichen Gestalt der Dinge bleibenden Genuss zu finden: »O diese Griechen! Sie verstanden sich darauf zu *leben:* dazu tut not, tapfer bei der Oberfläche, der Falte, der Haut stehen zu bleiben, den Schein anzubeten ... Diese Griechen waren oberflächlich aus der Tiefe!« (F. Nietzsche)

Ein Echo dieses Bekenntnisses findet sich in Oskar Wildes *Dorian Grey: »To me beauty is the wonder of wonders. It is only shallow people who do not judge by appearences. The true mystery of the world is the visible, not the invisible«* – »Für mich ist Schönheit das Wunder aller Wunder. Es sind nur oberflächliche Menschen, die nicht nach dem Schein urteilen. Das wahre Geheimnis der Welt ist das Sichtbare, nicht das Unsichtbare.«

a) Der relative Vorzug der Weisheit vor der Torheit (2,12-17)

In diesen Versen zieht Salomo die Summe aus dem, was er auf dem theoretischen und auf dem empirischen Weg über Weisheit und Torheit herausgefunden hat.

12 Und ich wandte mich, um Weisheit und Unsinn und Torheit zu betrachten.
Denn was wird der Mensch tun, der nach dem Könige kommen wird? – Was man
schon längst getan hat.
13 Und ich sah, dass die Weisheit den Vorzug hat vor der Torheit, gleich dem Vor-
zug des Lichtes vor der Finsternis:
14 der Weise hat seine Augen in seinem Kopfe, der Tor aber wandelt in der Fin-
sternis. Und ich erkannte zugleich, dass einerlei Geschick ihnen allen widerfährt;

»Weisheit und Unsinn und Torheit«: Weisheit und Torheit können zweierlei bedeuten. In diesem Abschnitt geht es nun nicht um die Weisheit als Erkenntnis Gottes (Spr 9,10) und Torheit als Verachten Gottes (Ps 14,1); sondern um menschliche Weisheit, das ist: Bildung, Wissen, Geschick und um menschliche Torheit, das ist: Mangel an Bildung, Wissen und Geschick. Selbstverständlich hat die menschliche Weisheit einen *relativen Vorzug* vor der Torheit.

»Denn was wird der Mensch tun, der nach dem Könige kommen wird?«: Das ist die Frage, die wie mit einem einzigen Spatenwurf die ganze Eitelkeit von rein menschlicher Weisheit und Geschicklichkeit bloßlegt. Salomo mag noch so klug regieren und noch so umsichtig vorsorgen. Er hat kein Wissen und keine Macht darüber, wie sein Sohn sein wird, der alles von ihm mit solcher Mühe Erworbene erben wird[14]. Salomos Sohn Rehabeam war tatsächlich ein Narr, der es fertigbrachte, mit einem einzigen dummen Satz ein ganzes Reich und damit das Lebenswerk Salomos zu ruinieren (1Kö 12).

»gleich dem Vorzug des Lichts vor der Finsternis«: Der Wissende hat mehr Licht über die irdischen Verhältnisse, in denen wir uns

14 Der englischen Bibelübersetzung folgend, gibt Henry diesem Vers eine ganz andere Erklärung: Salomo wende sich nach Kapitel 1,12-18 ein zweites Mal dem theoretischen Suchen nach dem Sinn der Dinge zu. Wenn er wieder zum gleichen Ergebnis kommt, dann wird er die Sachen wohl als bewiesen ansehen können. Denn was kann der Mann, der nach dem König das gleiche Experiment macht, anderes tun, als was der König schon getan hat?

bewegen, und das verschafft ihm einen Vorteil im Umgang mit den Mitmenschen. Das ist ein gewisser Vorzug, es ist aber kein echter Vorzug. Das zeigt sich an der lästigen Frage, die sich sofort vordrängt: **»Was wird der Mensch tun, der nach dem König kommen wird?«** Und es zeigt sich noch deutlicher beim Tod auch des Weisesten unter den Menschen: **»Ich erkannte, dass einerlei Geschick ihnen allen widerfährt.«** So muss Salomo wiederum resigniert feststellen:

15 und ich sprach in meinem Herzen: Gleich dem Geschick des Toren wird auch mir widerfahren. Und wozu bin ich dann überaus weise gewesen? Und ich sprach in meinem Herzen, dass auch das Eitelkeit sei.
16 Denn dem Weisen, gleichwie dem Toren, wird kein ewiges Andenken zuteil, weil in den kommenden Tagen alles längst vergessen sein wird. Und wie stirbt der Weise gleich dem Toren hin![15]

Weise und Toren sterben gleich. Beiden wird kein ewiges Andenken zuteil. Welchen Nutzen hat dann der Gelehrte von all seiner Gelehrsamkeit, wenn er nicht anders als der Tor *in die Ewigkeit* eingeht?

Der große Gelehrte und unermüdliche Diener Christi *Henry Martin* (1771-1812), Bibelübersetzer und zeitweiliger Weggefährte von William Carey, der in sechs kurzen Jahren so viel für die Verbreitung des Evangeliums in den indischen Sprachen tat wie wenige andere, konnte im Augenblick größter akademischer Ehrungen nur sagen:

»*I have grasped a shadow* – Ich habe einen Schatten gegriffen«

Alle akademischen Ehren verfliegen im Hui; das wusste Martin, aber er wusste auch, dass er in Christus unauflösliches Leben und ewige Herrlichkeit besaß. Weil er sein Wissen und seine Begabung in den Dienst dieses Höheren stellte, waren sie nicht sinnlos, sondern ein Segen. Es gibt heute in Nordindien eine Schule, die nach

15 Psalm 49,11

16 Dass mich niemand falsch versteht: Wir sollen Gott für die Gabe des irdischen Lebens danken und dieses Leben nicht gedankenlos wegwerfen. »Hassen« heißt in der Bibelsprache nicht immer verabscheuen. In unserem Zusammenhang bedeutet es »zurückstufen«, »als zweitrangig ansehen« (siehe 1Mo 29,30.31). Wir müssen unser Leben in dem Sinn hassen, dass wir Christus und dem ewigen Leben den Vorrang geben.

17 Psalm 39,7

ihm benannt ist. An der *Henry Martin School of Islamics* bekommen Christen das Rüstzeug für die schwierige Aufgabe der Evangelisation unter Muslimen.

b) Heilsame Ernüchterung (2,17-23)

17 Da hasste ich das Leben; denn das Tun, welches unter der Sonne geschieht, missfiel mir; denn alles ist Eitelkeit und ein Haschen nach Wind. –

»Da hasste ich das Leben«: Es ist eine heilsame Sache, wenn wir mit Salomo an diesen Punkt kommen. Wir müssen das Leben hassen, wollen wir es finden; und es ist eine erste Regung wahrer Weisheit, wenn wir es tun.

> *»Wer sein Leben liebt, wird es verlieren; und wer sein Leben in dieser Welt hasst, wird es zum ewigen Leben bewahren«* (Joh 12,25).

Das Leben ohne das Jenseits ist kein schönes Leben. Darum sagt der Christ:

> *»Wenn wir allein in diesem Leben auf Christus Hoffnung haben, sind wir die elendesten der Menschen«* (1Kor 15,19).

Die meisten Menschen leiden zwar unter der Sinnlosigkeit ihres Daseins, aber sie lieben ihr Leben bis in den Tod und sterben als Toren und tauchen ein in die ewige Finsternis. Gott bewahre uns davor! Und er gebe, dass wir unser eitles Leben nicht lieben (vgl. Offb 12,11), sondern es hassen[16], und statt dessen das wahre Leben finden und, nachdem wir es gefunden haben, immer wieder ergreifen (1Tim 6,12).

18 Und ich hasste alle meine Mühe, womit ich mich abmühte unter der Sonne, weil ich sie dem Menschen hinterlassen muss, der nach mir sein wird.
19 Und wer weiß[17], ob er weise oder töricht sein wird? Und doch wird er schalten über alle meine Mühe, womit ich mich abgemüht habe und worin ich weise gewesen bin unter der Sonne. Auch das ist Eitelkeit.

»Und ich hasste alle meine Mühe«: Die meisten Menschen bewundern die Werke ihrer Hände, können ihr Leben lang nicht davon lassen, sie anzubeten (vgl. Offb 9,20). So verharren sie bis zum Schluss in diesem entwürdigenden Götzendienst. Salomo hasste seine eigenen Werke. Wie gut ist es, wenn auch wir das lernen! Wie schön, wenn wir uns an Gottes Werken mit größerer Freude freuen, als wir sie an unseren eigenen je empfinden können (Ps 92,4.5; 111,2).

»weil ich sie dem Menschen hinterlassen muss, der nach mir sein wird«: Arbeiten wir nur für das Diesseits, dann arbeiten wir in den Wind; dann ist *Love's Labour Lost*, wie Shakespeare sagte; dann ist alles verlorene *Liebesmüh*. Denn es ist aus Eigenliebe geborene Arbeit.

Es war aber nur gut, dass diese Einsicht Salomo stach; sie war ein Treibstachel in seiner Seite, die ihn am Ende wieder auf den Weg des wahren Lebens zurückbrachte. Salomo stand mit leeren Händen da, und das musste so sein, denn

> »Gott schafft Alles aus Nichts – und Alles, was Gott gebrauchen will, macht er zuerst zu Nichts.« (Sören Kierkegaard)

20 Da wandte ich mich zu verzweifeln ob all der Mühe, womit ich mich abgemüht hatte unter der Sonne.
21 Denn da ist ein Mensch, dessen Mühe mit Weisheit und mit Kenntnis und mit Tüchtigkeit geschieht: und doch muss er sie einem Menschen als sein Teil abgeben, der sich nicht darum gemüht hat. Auch das ist Eitelkeit und ein großes Übel.
22 Denn was wird dem Menschen bei all seiner Mühe und beim Trachten seines Herzens, womit er sich abmüht unter der Sonne?

»Denn was wird dem Menschen?« bedeutet so viel wie: Was bleibt dem Menschen von all seiner Mühe übrig? Louis Segond übersetzt: *»Que revient-il, en effet, à l'homme de tout son travail – Was schaut denn für den Menschen von all seiner Mühe wirklich heraus?«*

Wir wissen, dass *uns* nichts bleibt, denn wir müssen unsere Werke eines Tages zurücklassen. Das ist niederschmetternd. Und wir wissen nicht, was von den *Werken selbst* bleibt, und das ist wenig tröstlich. Können wir aber nicht wissen, was aus unseren Werken wird – die an sich und als solche sehr nützlich gewesen sein mögen –, können wir, ja, müssen wir ihre Eitelkeit erkennen. Das ist zwar eine bittere Einsicht, aber sie ist auch heilsam, sofern sie sich noch rechtzeitig einstellt. Und wie süß ist das Wissen, dass es ein Arbeiten gibt, das nie vergeblich ist, dessen Früchte bleiben werden:

> *»Daher, meine geliebten Brüder, seid fest, unbeweglich, allezeit überströmend in dem Werke des Herrn, da ihr wisset, dass eure Mühe nicht vergeblich ist im Herrn«* (1Kor 15,58).

In dieser Zuversicht konnte ein Paulus sein Lebenswerk den Händen des Gottes überlassen, der ihn dazu berufen und der ihn darin befähigt hatte:

»Um welcher Ursache willen ich dies auch leide; aber ich schäme mich nicht, denn ich weiß, wem ich geglaubt habe, und bin überzeugt, dass er mächtig ist, mein anvertrautes Gut auf jenen Tag zu bewahren« (2Tim 1,12).

23 Denn alle seine Tage sind Kummer, und seine Geschäftigkeit ist Verdruss; selbst des Nachts ruht sein Herz nicht. Auch das ist Eitelkeit.

Kummer, Geschäftigkeit und Verdruss begleiten unser Arbeiten, seit wir aus dem Garten Eden vertrieben wurden (1Mo 3,17-19). Das gilt für die Gerechten wie für die Ungerechten. Wie schön, wenn dieser Kummer nicht frucht- und sinnlos gewesen ist. Der Apostel Paulus trug täglich Kummer im Herzen um das Wohlergehen der Versammlungen (2Kor 11,28). Wie unerträglich wäre es hingegen, wenn wir uns hier nur in den Wind gemüht und uns täglich gegrämt hätten, um danach für die Bosheit unseres Unglaubens ewige Pein als Lohn einzuheimsen! Gott bewahre uns davor!

c) Ergebnis (2,24-26)

24 Es gibt nichts Besseres unter den Menschen, als dass man esse und trinke und seine Seele Gutes sehen lasse bei seiner Mühe[18]. Ich habe gesehen, dass auch das von der Hand Gottes abhängt.
25 Denn wer kann essen und wer kann genießen ohne ihn[19]?
26 Denn dem Menschen, der ihm wohlgefällig ist, gibt er Weisheit und Kenntnis und Freude; dem Sünder aber gibt er das Geschäft, einzusammeln und aufzuhäufen, um es dem abzugeben, der Gott wohlgefällig ist[20]. Auch das ist Eitelkeit und ein Haschen nach Wind.

---

18 5. Mose 12,7; 26,11; Jeremia 22,15

19 Micha 6,14: »Du wirst essen, aber nicht satt werden ...«

20 Sprüche 13,22; Hiob 20,18

»Es gibt nichts Besseres unter den Menschen«: Hier nun hat Salomo endlich gefunden, was es **»unter der Sonne«** zu finden gibt. Beachten wir, dass Salomo nicht sagt, es gebe **»nichts Besseres«** im absoluten Sinn. Er sagt vielmehr, dass alles Essen und Trinken, alle Arbeit und alle Mühe, die nun einmal das Teil aller Menschen ist – denn unser Leben besteht zur Hauptsache aus Arbeiten zur Nahrungsbeschaffung und Essen –, keinen höheren Gewinn abwirft; dass das Beste und Höchste, was wir darin finden können, der Genuss ist, den uns Gott mit alledem bereitet hat und geben will. Das menschlich Beste, was einer hier und jetzt finden kann, ist, dass er **»esse und trinke«** und dabei **»seine Seele Gutes sehen lasse bei all seiner Mühe«**.

So viel hatte Salomo bereits vorher erkannt: **»Mein Herz hatte Freude von all meiner Mühe, und das war mein Teil von all meiner Mühe«** (2,10). Vielleicht haben wir uns dort schon gefragt, wie man denn diese Freude überhaupt finden könne. Hier gibt uns Salomo die Antwort: Sie hängt von Gott ab. Wir können uns nur freuen, wenn Gott uns Freude gibt; und Gott gibt uns nur dann Freude, wenn wir alles mit dankbaren Herzen aus seiner Hand nehmen.

Unschuldige Freude an den guten Gaben des Schöpfers ist die höchste Freude, die *diese Schöpfung* bieten kann. Suchen wir darin weder den Sinn noch das Ziel unserer Seins, ja, suchen wir überhaupt nichts darüber und dahinter, werden wir uns bei unserer Mühe einfältig freuen. Ein frischer Apfel, ein Glas kühles Wasser, ein dampfender Tee, ein Kuss von der geliebten Gattin – wir nehmen sie dankend aus der Hand eines freundlichen Schöpfers und erheben unsere Herzen zu ihm, dem Geber dieser guten Dinge und dem Quell *allen* Genusses.

In den Tagen von so heilsträchtigem Geschehen wie Pfingsten, fanden sich die Glaubenden zusammen und freuten sich ihres Gottes; aber sie freuten sich auch ganz irdischer Dinge:

> *»Indem sie täglich einmütig im Tempel verharrten und zu Hause das Brot brachen, nahmen sie Speise mit Frohlocken und Einfalt des Herzens«* (Apg 2,46).

Das überrascht uns in diesem Zusammenhang ein wenig, aber es steht da, und wir sollen alle daraus klug werden. Was war das Geheimnis dieser einfältigen Freude? Der Heilige Geist war ausgegossen worden und hatte den Christen den himmlischen Herrn vor Augen geführt und sie diesem Herrn unterworfen. Ein Herz, das seinen Gott und Retter kennt, ein Herz, das in der Ewigkeit verankert ist, ein Herz, das alles dankend und anerkennend aus der Hand des allmächtigen Schöpfers nimmt – einem solchen Herz gibt Gott Freude; reine, unbeschwerte und unschuldige Freude an einem einfachen Mahl. Wie schön ist das. Ebenso viel sagt uns Salomo hier, und das ist ein zum Verständnis seines Buches ganz entscheidender Satz:

»Ich habe gesehen, dass auch das von der Hand Gottes abhängt.«

So ist es; Freude zu haben, hängt von der Hand Gottes ab. Wer *in diesem Leben* und an *Dingen dieses Lebens* Freude haben will, muss das verstehen und muss sich, wenn er das verstanden hat, *bewusst von Gottes Hand abhängig machen. Das ist das Geheimnis allen irdischen Glücks.*

Und dann stellt Salomo eine Frage, die man in leuchtenden Lettern über alles eitle Suchen und Wühlen der Menschen dieser Welt nach Freude und Glück schreiben möchte:

»Denn wer kann essen und wer kann genießen ohne ihn?«[21]

Die Lebenskünstler und Genießer unserer Zeit sollen darauf antworten, die Connaisseurs und die Bonvivants und wie sie alle heißen. Sie werden nicht antworten; denn weder gestehen sie es sich selbst ein noch sollen die andern der Illusion beraubt sein, es finde sich Glück, es sei Genuss in dieser Welt, man müsse nur wissen, wie in ihr zu leben ist. *Savoir vivre* (= zu leben verstehen) nennen das einige. Es ist eine der vielen Lebenslügen, die wir Adamskinder lieben und darum verbissen verteidigen. Niemand kann genießen ohne Gott! Aber wie echt, wie rein, wie frei auch von allem Aufheben ist der Genuss, den er gewährt:

»Den Reichen in dem gegenwärtigen Zeitlauf gebiete, nicht hochmütig zu sein, noch auf die Ungewissheit des Reichtums Hoffnung zu setzen, sondern auf Gott, der uns alles reichlich dar-

---

21 So kann man den masoretischen Text korrigieren. Einige MSS (Manuskripte) haben tatsächlich anstelle des überlieferten *mimmænni*, »außer mir«, *mimmænnu*, »ohne ihn«. Der Zusammenhang des vorher und nachher Gesagten macht es überdeutlich: Aller Genuss hängt von der Hand Gottes ab. Ohne ihn kann daher niemand genießen. Er ist es, der alles darreicht zum Genuss (1Tim 6,17). Entsprechend übersetzt M. Buber: »... habe doch auch dies ich gesehen, dass das von der Hand Gottes her ist, denn wer könnte essen und schmecken, außer von ihm her?«

reicht zum Genuss; Gutes zu tun, reich zu sein in guten Werken, freigebig zu sein, mitteilsam, indem sie sich selbst eine gute Grundlage auf die Zukunft sammeln, auf dass sie das wirkliche Leben ergreifen« (1Tim 6,17-19).

Solchen Genuss gibt Gott dem, der seine Hoffnung auf ihn setzt und auf nichts in dieser Schöpfung; solchen Genuss gibt er in *diesem Leben* den Menschen, die, weil sie ihm anhangen, das wahre Leben kennen (Joh 17,3). Denn wahrlich: *»Die Gottseligkeit ist zu allen Dingen nütze, indem sie die Verheißung des Lebens hat, des jetzigen und des zukünftigen«* (1Tim 4,8).

»Denn dem Menschen, der ihm wohlgefällig ist, gibt er Weisheit und Kenntnis und Freude«: Auch intellektuellen Genuss schenkt Gott denen, die ihn lieben: Wir haben hier richtig gelesen. Ohne Gott bringt wachsendes Wissen nur wachsenden Verdruss; mit ihm, unter seiner Hand, bietet das Suchen nach Wissen und das Wissen selbst Genuss – aber auch das nur so lange, als der Wissende **»ihm wohlgefällig«** bleibt, als er bescheiden und einfältig alles dankend und anerkennend aus der Hand seines unfassbar freundlichen Schöpfers nimmt. Da kann das Herz in ein kurzes aber inniges Lachen ausbrechen, wenn es einer verwickelten Verbalfügung auf die Schliche gekommen ist, wenn es einen literarisch gewichtigen Beleg gefunden, einen Kometen entdeckt oder Herkunft und Weg einer Ansteckung durchschaut hat. Ohne viel Umstände zu machen, freut sich der suchende und findende Geist an solchen verhältnismäßig kleinen und bescheidenen Dingen.

Der Sünder, der solches findet, freut sich zwar auch, aber seine Freude ist schal und wird gleich von Sorgen überschattet. Er muss eifersüchtig über seinen Fund wachen, sucht sich für seine gesammelten Entdeckungen einen Nachlassverwalter, damit er nicht in falsche Hände gerate und lebt mit dem beständigen Alptraum, ein anderer könne ihm die Ehre des Entdeckers streitig machen und ihm den sauer verdienten Ruhm stehlen: **»Dem Sünder gibt er das Geschäft, einzusammeln und aufzuhäufen«**, aber nicht den Genuss. Der fällt dem Gerechten zu, und nicht allein das, sondern auch die Frucht so mancher Mühe der Gottlosen.

Wir können das alles mit den einfachen Worten des Herrn umschreiben:

»Trachtet aber zuerst nach dem Reiche Gottes und nach seiner Gerechtigkeit, und dies alles wird euch hinzugefügt werden« (Mt 6,33).

Suchen wir den Ewigen und seine Sache, wird uns die Zeit und das Zeitliche nicht mehr quälen, im Gegenteil: die Freude, die wir gar nicht suchten, fällt uns zu; der Genuss, um den es uns nicht ging, wird uns als ein zwar nicht erwarteter, aber doch willkommener Bonus zur Gottesfurcht hinzugefügt. Wie sehr irrte hingegen Hegel, als er das dumme Wort von sich gab:

> »Trachtet am ersten nach Nahrung und Kleidung; dann wird euch das Reich Gottes von selbst zufallen.«

Und wie wenig kannte Hegel den schwerelosen Genuss am Leben und an seinen kleinen Gaben, wie ihn der Gottesfürchtige kennt. Wie schwer litt ein Gottloser wie Sartre am fehlenden Vermögen, genießen zu können:

> »Ich bin ungebunden: Ich habe keinen Grund mehr zu leben; alle Gründe, die ich durchprobiert habe, haben versagt, und ich kann mir keine anderen mehr ausdenken. Ich bin noch ziemlich jung, ich hätte noch genügend Kraft, von vorn anzufangen. Aber was anfangen? ... Ich kann nicht mehr! Ich halte es nicht aus. Der Abscheu hat mich im Griff – der Ekel.« (Jean Paul Sartre: Der Ekel)

Hören wir schließlich die Worte eines Gottesfürchtigen zur gleichen Sache:

> »Und auch das Leben, das wir hier auf Erden leben, hat seinen eignen Reiz und Zauber, eigenartig in seiner Schönheit und rein zusammenklingend und verbunden mit diesen Erdengütern ... Um all solcher Dinge willen aber sündigen wir, wenn wir in zuchtlos ungeordneter Begierde unser Herz dran hängen, an diese geringsten aller Güter, und ihretwegen die besten und höchsten lassen, Dich, Herr, unser Gott, und Deine Wahrheit und Dein Gesetz. Auch diese niedrigsten Erdengüter geben echte Freude, aber doch nicht so wie Er, mein Gott, der alles geschaffen hat. In ihm freut sich der Gerechte, und er ist die Wonne derer, die geraden Herzens sind.« (Augustin, Confessiones, II, 5).

Kapitel 3

3. Zeit und Ewigkeit (3,1-22)

a) Taten und Begegnisse des Menschen haben ihre Zeit (3,1-8)
b) Der ewige Gott hat die Ewigkeit in unsere Herzen gelegt (3,9-15)
c) Ohne Beziehung zur Ewigkeit bleibt alles in der Zeit eitel (3,9-21)
d) Ergebnis: sich in der Zeit an seinem Teil freuen (3,22).

Alle Geschehnisse der Zeit, ob von Menschen veranlasst, ob von einem undurchschaubaren Geschick verfügt, stehen unter Gottes Regierung. Alle Ereignisse sind nichts anderes als Räder, die ineinandergreifen und den Thronwagen Gottes vorantreiben (Hes 1,16). Alles, was uns befallen mag, muss zur Verwirklichung von Gottes Vorsatz zusammenwirken (Röm 8,28). Dies vermögen wir aber nur zu erkennen, wenn unsere Herzen Gott ergeben und in der Ewigkeit verankert sind. Ist das der Fall, werden wir an den Schlägen, die das Leben austeilt, nicht irre werden.

a) Taten und Begegnisse des Menschen haben ihre bestimmte Zeit (3,1-8)

1 Alles hat eine bestimmte Zeit, und jedes Vornehmen unter dem Himmel hat seine Zeit.

Alles, was Menschen tun, hat seine bestimmte Zeit, nicht mehr. Es ist nicht ewig, daher sollen wir unserem Tun und den Geschehnissen in der Zeit kein größeres Gewicht geben, als sie haben. Gott hat allem, was zwischen Geborenwerden und Sterben geschieht, seinen Platz und seine Zeit gegeben. Belassen wir es dort, wo der Ewige es hingestellt, und belassen wir einer jeden Sache den Wert, den er ihr gegeben hat! Dann sind wir wahrhaft weise.

Toren sind wir hingegen, wenn wir Zeitliches so ernst nehmen, als sei es Ewiges. Es gehört zu den Merkmalen der Torheit, dass sie zwischen Zeit und Ewigkeit nicht zu unterscheiden vermag: Der Tor gewichtet die Dinge der Zeit so, als blieben sie für immer (Ps 49,12f); dafür gibt er den Dingen der Ewigkeit so geringes Gewicht, als seien sie eine *Quantité négligeable* (= Belanglosigkeit) (Lk 12, 20). Das ist eine schlimme Verirrung des Urteils.

2 Geborenwerden hat seine Zeit, und Sterben hat seine Zeit; Pflanzen hat seine Zeit, und das Gepflanzte ausreißen hat seine Zeit;

»Geborenwerden hat seine Zeit«: Niemand hat die Zeit seiner Geburt in der Hand. Wann wir auf diese Welt kommen, ist von Gott bestimmt, auch ob wir geboren werden, wird von Gott bestimmt. Wir haben hierauf nicht den geringsten Einfluss. Sollte unser Eintritt ins Dasein uns nicht lehren, dass alles in Gottes Hand ist? Dass er von Anfang bis Ende alles verfügt hat (Ps 139,15.16), dass ich daher vollständig auf ihn angewiesen und von ihm abhängig bin? Bin ich aber vom ewigen Gott abhängig, sollte ich dann nicht in der Zeit die Ewigkeit suchen? Ja, sind alle Niederlagen und Erfolge, alle Freuden und Frustrationen nicht dazu da, mein Herz dahin zu lenken?

Wir haben aber auch nicht über unser Lebensende Macht, denn **»Sterben hat seine Zeit«**: Die Zahl unserer Jahre, Monde und Tage ist bei Gott bestimmt, und wir können sie nicht überschreiten (Hi 14,5.6). Wir können auch durch Sorgen unsere Lebensspanne nicht um eine einzige Elle verlängern (Mt 6,27).

3 Töten hat seine Zeit, und Heilen hat seine Zeit; Abbrechen hat seine Zeit, und Bauen hat seine Zeit;

»Töten hat seine Zeit«: Direkt nachdem uns gesagt worden ist, dass Sterben seine von Gott bestimmte Zeit hat, steht hier etwas, das dem scheinbar widerspricht. Nimmt denn beim Töten nicht der Mensch die letzte Stunde eines Menschen in seine Hand? Es ist nur scheinbar so; denn es könnte keine Waffe treffen, ließe Gott sie ihr Ziel nicht finden. Am von Gott verordneten Tag traf der aufs Geratewohl abgeschossene Pfeil den König Ahab tödlich (1Kö 22,34). Darum ist es trotz allem der Herr, der tötet und lebendig macht (5Mo 32,39). Nachdem Georg Whitefield in Irland fast von einem wütenden Mob gelyncht worden war, schrieb er an seinen Freund John Gillies in Schottland:

> »Ich stelle fest, dass wir unsterblich sind, bis wir unsere Arbeit getan haben.«

4 Weinen hat seine Zeit, und Lachen hat seine Zeit[22]; Klagen hat seine Zeit und Tanzen hat seine Zeit;

---

22 Psalm 30,6; 126,2

5 Steinewerfen hat seine Zeit, und Steinesammeln hat seine Zeit; Umarmen hat seine Zeit, und vom Umarmen Sich fernhalten hat seine Zeit;
6 Suchen hat seine Zeit, und Verlieren hat seine Zeit; Aufbewahren hat seine Zeit, und Fortwerfen hat seine Zeit;
7 Zerreißen hat seine Zeit, und Nähen hat seine Zeit; Schweigen hat seine Zeit, und Reden hat seine Zeit;
8 Lieben hat seine Zeit, und Hassen hat seine Zeit; Krieg hat seine Zeit, und Frieden hat seine Zeit.

Wenn wir weinen, dann dürfen wir wissen, dass am Morgen wieder Jubel einkehren wird (Ps 30,6), wenn wir klagen, dass wir bald wieder tanzen werden – und umgekehrt. Lachen und Tanzen währt nur seine Zeit; es ist nicht alle Welt, es kann nicht Lebenssinn und Lebensinhalt sein. **»Umarmen«** hat seine Zeit, ebenso wie sich der Umarmung enthalten. Machen wir die sexuelle Umarmung zum Lebensinhalt, sind wir unbeschreiblich dumm. Die Sexualität hat auch nur ihre Zeit; sie ist nicht alles. Wie Freud und verschiedene seiner Schüler zu sagen, der Mensch sei durch die Sexualität definiert, ist eine an Schwachsinn grenzende Reduzierung der Wirklichkeit auf allzu Weniges.

Hat Gott nicht allem – was zwischen Wiege und Grab geschieht – seine nur begrenzte Zeit gegeben, damit wir in der Zeit anfangen, den zu suchen, der ewig ist und von dem alles Zeitliche gefügt wird? Sollten wir **»Krieg«** zum Lebensinhalt machen wie Sparta und wie in unserem Jahrhundert die Nationalsozialisten und die Kommunisten? Sollten wir **»Frieden«** zum Lebenssinn machen wie die Pazifisten? Keines der beiden Dinge ist ewig, keines umfasst das ganze. Darum sollten wir keinem unser Herz geben. Wie Recht hatte der dänische Philosoph und Christ, als er sagte:

> »Was die Zeit nötig hat, lässt sich mit einen Wort sagen: Ewigkeit.« (Sören Kierkegaard)

b) Der ewige Gott hat die Ewigkeit in unsere Herzen gelegt (3,9-15)

9-10 Was für einen Gewinn hat der Schaffende bei dem, womit er sich abmüht? Ich habe das Geschäft gesehen, welches Gott den Menschenkindern gegeben hat, sich damit abzuplagen[23].

23 1. Mose 3,17

Weil ein jedes Ding lediglich seine von Gott festgesetzte Zeit und damit sein von Gott gegebenes Gewicht hat, sollten wir nie versuchen, aus irgendetwas Zeitlichem das herauszuholen, was nicht in ihm stecken kann. Lebenssinn kann man in keinem der in den Versen 1-8 genannten Dinge finden. Wie will auch Vergängliches den Menschen, der für die Ewigkeit erschaffen ist, sättigen? Gott hat uns etwas ins Herz gelegt, das uns Fingerzeig genug sein sollte, in welche Richtung unser Trachten gehen soll:

11 Alles hat er schön gemacht zu seiner Zeit; auch hat er die Ewigkeit in ihr Herz gelegt, ohne dass der Mensch das Werk, welches Gott gewirkt hat, von Anfang bis zu Ende zu erfassen vermag.

Alles, dem Gott nur **»seine Zeit«** gegeben hat, ist **»schön, zu seiner Zeit«**, schön, solange es währen soll und solange man es an seinem Platz belässt. Versuchen wir einer Sache mehr Gewicht und Raum zu geben als sie hat, wird sie sogleich hässlich. Um das richtige Gewicht irgendeines Geschäftes zu verstehen, müssen wir es zur Ewigkeit in Beziehung setzen; denn Gott hat **»die Ewigkeit in (unser) Herz gelegt«**. Wir sollen begreifen, dass jedes Ding, das wir begehren oder verabscheuen, nur **»seine Zeit«** hat, damit keines der Dinge uns fangen und uns zu seinem Diener machen kann. Wir sollen nicht den Sinnen, sondern die Sinne sollen uns, wir sollen nicht der Gesundheit, sondern die Gesundheit soll uns dienen. Sagte der Apostel nicht: *»Alles ist euer«*? Tatsächlich, alles gehört uns, alles ist uns zum Dienst unterstellt. Das gilt aber nur unter der Voraussetzung, die der Apostel sofort anfügt: *»Ihr aber seid Christi, Christus aber ist Gottes«* (1Kor 3,22.23). Sind wir Christi? Hängt unser Herz an ihm und damit an der Ewigkeit? Darauf kommt es an.

Der Ewige hat die Ewigkeit in die Herzen der Menschen gelegt. Diese lehrt uns, alles in der Zeit *sub specie aeternitatis* (= im Blickwinkel der Ewigkeit) zu sehen. Wir brauchen nicht und wir vermögen nicht Gottes Werke **»von Anfang bis zu Ende«** zu erfassen. Es genügt uns die Ahnung, dass sie ewig sind, und achten wir auf dieses jedem innewohnende Ahnen, beginnt die Ewigkeit in unsere Herzen zu ziehen.

Wir ahnen, dass wir bestimmt sind, etwas zu suchen und einer Sache zu dienen, die größer ist als wir, die größer ist als alles Geschaffene. Es war ein christlich inspirierter Dostojewski, der sagte:

»Solange als der Mensch frei bleibt, strebt er nach nichts so unablässig wie nach jemandem, den er anbeten kann.« (F. Dostojewski, Die Brüder Karamasov)

Augustin, der nicht nur wie der russische Schreiber christlich inspiriert, sondern ein Christ war, wusste es viel besser auf den Punkt zu bringen:

»Quia fecisti nos ad te et inquietum est cor nostrum, donec requiescat in te – Denn auf dich hin hast du uns geschaffen, und unruhig ist unser Herz, bis dass es ruht in dir.«

Ein Zwischenergebnis:

12-13 Ich habe erkannt, dass es nichts Besseres unter ihnen gibt, als sich zu freuen und sich in seinem Leben gütlich zu tun; und auch, dass er esse und trinke und Gutes sehe bei all seiner Mühe, ist für jeden Menschen eine Gabe Gottes.

Der Mensch, der in der Ewigkeit Ruhe gefunden hat, findet in der Zeit **»nichts Besseres«** als dies: sich an den täglichen Gaben Gottes dankend zu freuen und seine Dankbarkeit damit zu beweisen, dass alle Gaben ihn noch inniger an den Geber binden. Frei von den Dingen, frei für seinen Gott, kann er unbeschwert die Gaben eines freundlichen Gottes genießen.

»Wenn dir, du meine Seele, die Leiber gefallen, so preise Gott um ihretwillen und wende deine Liebe zu ihrem Schöpfer und Künstler, dass du nicht missfallest in dem, was dir gefällt. Gefallen dir Seelen, so seien sie in Gott geliebt, denn auch sie sind ohne Bestand und sind fest gegründet nur in ihm. Und ohne ihn gehen und vergehen sie... hanget Dem an, Der euch geschaffen hat. Bleibt bei ihm, und ihr werdet bestehen bleiben. Ruhet in ihm, und ihr werdet Ruhe finden. Was geht ihr in die Wüsteneien? Das Gute, das ihr liebt, es ist von ihm; aber gut und süß ist es nur in ihm. Und bitter wird es, mit Recht, weil es unrecht nur geliebt wird fern von Dem, aus Dem es kommt.« (Augustin, Bekenntnisse IV, 12).

14-15 Ich habe erkannt, dass alles, was Gott tut, für ewig sein wird: es ist ihm nichts hinzuzufügen, und nichts davon wegzunehmen; und Gott hat es also gemacht, damit man sich vor ihm fürchte. Was da ist, war längst, und was sein wird, ist längst gewesen; und Gott sucht das Vergangene wieder hervor.

Gottes Werke sind **»für ewig«**, nicht nur für eine Zeit, und **»es ist ihm nichts hinzuzufügen«**: Sie sind erstens vollständig und vollkommen; man kann sie nicht verbessern. Sodann hat Gott alle seine Werke getan, ohne dass ihn jemand dabei beraten oder dass ihm jemand zuvor etwas gegeben hätte (Röm 11,34.35). Er hat niemandes Rat und niemandes Hilfe nötig. Er ist der Unumschränkte. Was wollen wir von seinen Werken wegnehmen? Was können wir ihnen hinzufügen? An seinem Tun können wir nichts ändern; wollen wir auch nicht. Vielmehr lehrt uns der ewige Gott, dass er der Unumschränkte ist, **»damit man sich vor ihm fürchte«** und damit wir diese Gottesfurcht darin beweisen, dass wir uns nicht in das eitle Geschäft stürzen, unter der Sonne etwas Neues finden zu wollen. Denn alles bleibt so, wie es der ewige Gott verfügt hat: Er hat jedem Ding seine Zeit gegeben, nicht mehr; darum kann es nichts Neues in der Schöpfung geben: **»Was da ist, war längst, und was sein wird, ist längst gewesen«.** Was regst Du dich also so sehr über deine kleinen Siege und Niederlagen in Deinem Leben auf? Diese kommen und gehen, weil sie, wie alles, was kommt und geht, Eitelkeit sind. Gott aber bleibt. Wir kennen den wunderschönen Kanon:

»Alles ist eitel, du aber bleibst,
Und den du ins Buch des Lebens schreibst.«

Im Buch des Lebens, da muss unser Name sein. Da müssen wir eingeschrieben und verankert sein, sonst ist alles eitel.

Ich habe nun den Grund gefunden
der meinen Anker ewig hält;
Wo anders als in Jesu Wunden?
Da lag er vor der Zeit der Welt,
der Grund, der unbeweglich steht,
wenn Erd und Himmel untergeht.

Johann Andreas Rothe (1688-1758)

c) Ohne Beziehung zur Ewigkeit bleibt alles in der Zeit eitel (3,16-21)

16-17 Und ferner habe ich unter der Sonne gesehen: an der Stätte des Rechts, da war die Gesetzlosigkeit, und an der Stätte der Gerechtigkeit, da war die Gesetzlosigkeit. Ich sprach in meinem Herzen: Gott wird den Gerechten und den Gesetzlosen richten; denn er hat eine Zeit gesetzt für jedes Vornehmen und für jedes Werk.

Zur Eitelkeit alles Irdischen gehört die Ungerechtigkeit aller menschlichen Regierung. Es gibt kaum Verdrießlicheres als das; und wie müsste es uns stechen, wüssten wir nicht, dass Gott am Ende alles gerecht richten wird. Die hebräischen Propheten wurden nicht müde, sich selbst und ihren Brüdern zum Trost immer wieder zu rufen:

> »*Kî 'ad tsædæq jâschûb mischpât* – Wahrhaftig: zur Gerechtigkeit wird wiederkehren das Gericht« (Ps 94,15).

Gott hat **»eine Zeit gesetzt für jedes Werk«**. Diese Wendung zeigt, dass Salomo noch immer das Thema Zeit und Ewigkeit behandelt. Gott hat allem menschlichen Walten seine Zeit bestimmt; so darf auch der gottlose Richter nur das tun und es so lange tun, als Gott ihn gewähren lässt. Ohne dieses Wissen um einen ewigen Gott und um ewigen Lohn für alles irdische Tun und Lassen, wird das Leben sinnlos und in seiner Sinnlosigkeit unerträglich.

18 Ich sprach in meinem Herzen: Wegen der Menschenkinder geschieht es, damit Gott sie prüfe und damit sie sehen, dass sie an und für sich Tiere sind.

Gott lässt Gesetzlose an der Stelle des Rechts sitzen und in Willkür Recht sprechen, **»damit Gott sie prüfe«**. Alles Unrecht in der Zeit wird zum Prüfstein, der unfehlbar offenbart, ob wir Gott fürchten oder nicht.

Wahrscheinlich gibt es kaum etwas, das alle Klassen von Sündern so zuverlässig als bloße Sünder, als Gottlose demaskiert, wie ihr Schimpfen über die Ungerechtigkeit der Welt. In diesen Chor stimmen alle ein, die Biertrinker am Stammtisch und die Hausfrauen im Supermarkt, die Gelehrten an ihren Symposien zusammen mit den Vidioten vor der Glotze, die immer rührigen Unternehmer so gut wie die ewigen Trödler. Wer Gott fürchtet, kann Unrecht – so schmerzlich es ist – still tragen. Wer sich laut über an ihm geschehenes Unrecht beklagt und auf Genugtuung besteht, beweist damit, dass sein Herz in der Zeit verankert ist, oder anders gesagt: dass er den Ewigen nicht fürchtet.

Die biblischen Beispiele sind zahlreich. Denken wir an Joseph und Jeremia, an David und Daniel, an Paulus und vor allem an unseren Herrn Jesus Christus.

An ungerechter Regierung und gesetzlosem Richten sehen Menschen, **»dass sie an und für sich Tiere sind«**. Beachten wir wohl: *an und für sich*[24] sind sie Tiere. Haben sie denn mit Tieren nicht vieles gemeinsam: Körper, Seele (1Mo 1,30; 9,4), Leben, Vergänglichkeit? Und bedeutet das nicht, dass sie nicht mehr und nicht besser als Tiere sind, *solange sie ohne Beziehung zur Ewigkeit bleiben?* Denn so lange sie Gott nicht fürchten, kennen sie Gott nicht; und wenn sie Gott nicht kennen, regen sie sich furchtbar über alles Unrecht in dieser Welt auf.

Dieser Vers ist Anlass gewesen, dass man dem Verfasser des Buches viel Ungereimtes unterstellt hat. Man hat gesagt, er stelle den Menschen dem Tier gleich, das sei offenkundig falsch, und damit hätten wir hier einen Beweis mehr dafür, dass Salomo im Prediger nur menschliche Weisheit lehrt.

Salomo sagt aber, dass der Mensch *an und für sich* ein Tier ist. Das ist eine wichtige Präzisierung. Er steht mit diesem Urteil bei weitem nicht allein. Nicht erst der Herr nannte einen Herodes einen Fuchs (Lk 13,32); und die Apostel waren nicht die ersten biblischen Autoren, die von bestimmten Menschen sagten, sie seien Hunde (Phil 3,2). Bereits der Psalmist sagt etwas, das sich vollständig mit Salomos hier gegebenem Verdikt deckt:

> *»Doch der Mensch, der in Ansehen ist, bleibt nicht; er gleicht dem Vieh, das vertilgt wird«* (Ps 49,13).

Hier sagen die Söhne Korahs, der Mensch könne noch so reich und noch so angesehen sein; wenn er keine Einsicht in Gott und in die von Gott dem Menschen gegebene Bestimmung besitzt, dann

---

24 Es ist wichtig, dass wir hier genau übersetzen. Das hebräische *behemah hemma lahæm* muss Wort für Wort berücksichtigt werden: Getier sind sie für sich. Das bedeutet eben: Der Mensch ist, auf sich selbst beschränkt, lediglich ein Tier. Buber übersetzt: »... und dass man sehe, wie sie ein Getier, sie für sich sind.« Luther: »... auf dass Gott sie prüfe und sie sehen, dass sie an sich selbst sind wie das Vieh.«

gleicht er dem Vieh; denn er ist »an und für sich« ein Tier[25]. Siehe auch Psalm 73,22 und Sprüche 7,22.

19 Denn was das Geschick der Menschenkinder und das Geschick der Tiere betrifft, so haben sie einerlei Geschick: wie diese sterben, so sterben jene, und einen Odem haben sie alle; und da ist kein Vorzug des Menschen vor dem Tiere, denn alles ist Eitelkeit.

»An und für sich« hat der Mensch **»keinen Vorzug vor dem Tier«**; er stirbt wie dieses. Er hat den gleichen Odem, das gleiche biologische Leben. Louis Segond: *»Ils ont tous un même souffle* – Sie haben alle den gleichen Schnauf.« Der Mensch, auf seine biologischen und materiellen Funktionen reduziert, ist tatsächlich nichts anderes als ein zweibeiniges Tier. Gleich diesem hat er Knochen, Muskeln und Haut, einen Kreislauf- und ein Nervensystem, einen Verdauungs- und einen Reproduktionsapparat. Was den Menschen zum Menschen macht, ist seine einmalige Bestimmung, Gott zu erkennen, Gott zu lieben und zu fürchten und Gott zu dienen. Der Mensch ohne Gott ist ein Tier[26], und lebt er entsprechend, ist wirklich **»alles Eitelkeit«**.

20-21 Alles geht an einen Ort; alles ist aus dem Staube geworden, und alles kehrt zum Staube zurück[27]. Wer weiß von dem Odem der Menschenkinder, ob er aufwärts fährt, und von dem Odem der Tiere, ob er niederwärts zur Erde hinab fährt?

So weit wir es beobachten, kehrt alles zum Staub zurück; und wer weiß denn schon, was das Geschick des Menschen ist, ob es sich überhaupt von dem des Tieres unterscheidet? Der Mensch weiß es, auf sich gestellt, nicht. Sein Schöpfer aber hat ihn gelehrt, dass des Menschen Geist in der Tat *»aufwärts fährt«*, um an Gottes Tag vor dem zu erscheinen, der ihn erschaffen hat, um von ihm gerichtet zu werden, wie Salomo sehr wohl weiß und darum gerade im Buch Prediger lehrt (V.17; 11,9; 12,7.14).

---

25 Nietzsche kommt zum gegenteiligen Ergebnis, indem er findet, der gottesfürchtige Mensch, der Christ, sei ein Tier: »Dieser höherwertige Typus ist oft genug schon dagewesen: aber als ein Glücksfall, als eine Ausnahme, niemals als *gewollt*. ... aus der Furcht heraus wurde der umgekehrte Typus gewollt, gezüchtet, *erreicht:* das Haustier, das Herdentier, das kranke Tier Mensch – der Christ ...« (Der Antichrist).

26 Die Puritaner und nach ihnen die Prediger der methodistischen Erweckung, Whitefield und Wesley, gingen weiter und sagten, der Mensch ohne Gott sei halb Tier, halb Teufel.

27 1. Mose 3,19

d) Ergebnis: sich in der Zeit an seinem Teil freuen (3,22)

22 Und so habe ich gesehen, dass nichts besser ist, als dass der Mensch sich freue an seinen Werken; denn das ist sein Teil. Denn wer wird ihn dahin bringen, dass er Einsicht gewinne in das, was nach ihm werden wird?

Angesichts der in diesem Kapitel gelehrten Tatsachen – alles Tun hat nur seine Zeit und damit seinen beschränkten Wert; nur Gott und seine Werke bleiben ewig; die Ewigkeit gibt erst die Antwort auf das viele Verdrießliche in der Zeit –, kann es keinen Besseren Umgang mit dem Zeitlichen geben als den: sich an den Werken freuen, von denen wir wissen, dass sie nicht alle Welt sind; sich an dem genügen zu lassen, was **»sein Teil«** ist. Dem Menschen als Menschen ist in dieser Welt nicht mehr gegeben. Solche Bescheidenheit und Genügsamkeit ist Quelle großer Zufriedenheit (1Tim 6,6.7).

Dabei aber bleibt die Frage: **»Wer wird ihn dahin bringen, dass er Einsicht gewinne in das, was nach ihm werden wird?«** Wer wird ihn Erkenntnis über das kommende Zeitalter, über die Ewigkeit lehren? Das kann kein Mensch; diese Erkenntnis findet er nicht in dieser Welt. Darum kann er in dieser Welt nicht mehr erwarten, als unschuldige Freude an seinen täglichen Geschäften. Zu wissen, **»was nach ihm werden wird«**, bedarf er eines göttlichen Lehrers, des Sohnes Gottes.

Segond übersetzt den allerletzten Satz: »*Car qui le fera jouir de ce qui sera après lui* – Wer lässt ihn denn genießen, was nach ihm sein wird?«[28] Wenn ihm aber niemand dazu verhelfen kann, das zu genießen, was nach ihm sein wird, was soll er sich dann um die zukünftigen Geschäfte auf der Erde kümmern? Was sorgt er sich um morgen? Hat nicht ein jeder Tag an seinem Übel genug (Mt 6,34)? Sorgen schafft nur Verdruss. Also danke er Gott für das, was er ihm heute und Tag für Tag gibt, und genieße er es mit einfältigem Herzen und mit Danksagung!

---

28 Martin übersetzt wie Elberf: »Denn wer brächte ihn dahin zu sehn, was nach ihm wird?«

Lass dich nur nichts dauern
mit Trauern!
Sei stille!
Wie Gott es fügt,
so sei vergnügt,
mein Wille!

Was willst du heute sorgen
auf morgen?
Der Eine
steht allem für;
der gibt auch dir
das Deine.

Sei nur in allem Handel
ohn Wandel,
steh feste!
Was Gott beschleußt,
das ist und heißt
das Beste.

Paul Fleming (1609-1640)

Kapitel 4

4. Bedrücker und Bedrückte (4,1 - 5,19)

a) Bedrückung und Hoffnungslosigkeit (4,1-3)
b) Ehrgeiz und Schlendrian (4,4-6)
c) Einsamkeit und Gemeinschaft (4,7-12)
d) Es ist keine Veränderung des üblen Zustandes zu erwarten (4,13-16)
e) Der einzige Ausweg: Es ist über uns ein Gott im Himmel (4,17 - 5,8)
f) Eitelkeit des Reichtums (5,9-16)
g) Ergebnis (5,18-20)

Nachdem es in den ersten drei Kapiteln um das Ergehen des Einzelnen ging, indem gefragt wurde, wie er mit sich selbst, mit Welt und Leben, Zeit und Ewigkeit zurecht kommt, geht es in den nun folgenden Kapiteln um das Zusammenleben der Menschen. Dabei ist 5,1-7 der Schlüsselabschnitt: Nur dort, wo man Gott fürchtet und sich ihm naht, um sich von ihm belehren zu lassen, ist gedeihliches Zusammenleben, Regieren und Regiertwerden, Richten und Gerichtetwerden möglich.

Zuerst wird die verzweifelte Lage des sündigen Menschen, der der Regierung ebenso sündiger Menschen unterstellt ist, gezeigt (4,1-6); und danach wird obendrein jede Hoffnung auf eine Änderung dieses üblen Zustandes genommen, solange als sündige Menschen in dieser Schöpfung bestehen (4,13-16). In dieser menschlich hoffnungslosen Lage findet sich als eine Wohltat des Schöpfers die Gabe der Gemeinschaft, die hilft, die Last und die Schäbigkeit des Lebens besser zu tragen (4,7-12). Der einzige wirkliche Trost ist aber das Wissen um einen Gott im Himmel, der über allem steht (5,1-9). Wenn wir uns über allen ungerecht verteilten und aufgehäuften Reichtum ärgern wollen, hilft uns endlich auch das Wissen, dass der Reiche mit all seinem erpressten Reichtum nicht besser dran ist als der Arme (5,10-17), im Gegenteil.

a) Bedrückung und Hoffnungslosigkeit (4,1-3)

1 Und ich wandte mich und sah alle die Bedrückungen, welche unter der Sonne geschehen: und siehe, da waren Tränen der Bedrückten, und sie hatten keinen Tröster; und von der Hand ihrer Bedrücker ging Gewalttat aus, und sie hatten keinen Tröster.

Der Sehende kann des Geschehens in einer Welt wie der unsrigen nicht glücklich werden; er findet so wenig Trost wie die Bedrückten, und das bedrückt ihn nicht minder als diese. Was man in Anlehnung an einen deutschen Philosophen (es war Leibniz) »die beste aller Welten« genannt hat, wird von der Bibel weit realistischer als eine gefallene, eine böse Welt dargestellt, die alles andere als die beste aller Welten ist. Denn erstens war die Welt besser, bevor der Mensch in Sünde fiel, und zweitens wird die kommende Welt unendlich besser sein als die jetzige.

Die erste Einsicht, die sich dem nüchternen Beobachter der Zeitläufe einstellt, kann keine andere als eine pessimistische sein:

2 Und ich pries die Toten, die längst gestorben, mehr als die Lebenden, welche jetzt noch leben;

Hier hält Salomo wieder Rückschau (wie oben, siehe 2,1). Dieser pessimistische Glaube ist nicht sein Credo, sondern er erzählt, wie ihm damals zu Mute war, als er mit Grübeln und Genießen, mit Beobachten und Schließen, kurz, sich ohne Gott einen Reim auf das Leben zu machen versuchte. Da meinte er noch, das beste Sein sei das Nicht-mehr-Sein. Das ist die Antwort des Buddhisten auf die Erbärmlichkeit des menschlichen Lebens. Buddha hatte beobachtet, dass Leben Leiden ist und dass das Leiden aus dem Begehren kommt, das Begehren aber das Leben in Gang hält. Daher müsse man aufhören zu begehren, dann werde man aufhören zu leben, und damit werde man endlich aufhören zu leiden. Es ist ein offensichtlich attraktiver Gedanke, denn er ist auch in Europa lange heimisch: Menander, der attische Komödiendichter des 4. Jahrhunderts vor Christus, meinte:

> »Wenn ein Gott dir nach dem Tod ein neues Leben versprechen sollte, dann wünsche dir lieber alles andere, selbst ein Esel, zu werden als ein Mensch.«

Redet man von Pessimismus, muss man Schopenhauer mindestens nennen oder eigentlich zitieren:

> »Weil nun aber unser Zustand vielmehr etwas ist, das besser nicht wäre, so trägt alles, was uns umgibt, die Spur hiervon – gleichwie in der Hölle alles nach Schwefel riecht.«

Die nächste Antwort ist auch nicht tröstlicher:

3 und glücklicher als beide pries ich den, der noch nicht gewesen ist, der das böse Tun nicht gesehen hat, welches unter der Sonne geschieht.

Das beste Sein ist das Nicht-Gewesen-Sein[29]. Das ist die nihilistische Antwort auf ein Leben, das ja tatsächlich Leiden ist, wie Buddha richtig feststellte. Auch gewissen Griechen galt *to mæ phynai* – das niemals Geborenwerden – als das höchste Glück. Thales, einer der ersten Naturphilosophen, sagte nicht ganz ohne Selbstgefällig-

---

29 Der griechische Dichter Theognis (um 500 v. Chr.) ist der erste außerbiblische Autor, von dem wir diese düstere Weisheit vernehmen, niemals geboren zu sein, wäre das Beste; sei man aber einmal geboren, so möge man so schnell als möglich die Erde verlassen und in die Unterwelt fahren. Er hat viele Anhänger und Nachfolger gehabt.

keit, er verzichte »aus Kinderliebe« auf die Ehe[30]. Woher kommt denn dieser Überdruss am Leben? Aus dem enttäuschten Streben nach Lust. Wenn man in seinem Ehrgeiz oder sonst irgendwie enttäuscht worden ist, schreibt man Gedichte wie Heines »Ruhelechzend«:

> O Grab, du bist das Paradies
> Für pöbelscheue, zarte Ohren –
> Der Tod ist gut, doch besser wär's,
> Die Mutter hätt uns nie geboren.

Das Leben nach dem Lustprinzip schlägt schnell in Lebensmüdigkeit um. Hegesias von Kyrene (330-270 v. Chr.) schrieb für seine Zeitgenossen einen Dialog, in dem er Anleitungen zum Selbstmord gab, und war darin so erfolgreich, dass man ihm den Beinamen *Peisithanatos* – »der zum (Frei)Tod überredet« – gab. Unsere Zeit ist nicht weniger selbstmordschwanger als jene des Hegesias. Er lebte in der Zeit der großen Blüte des Hedonismus, der Lehre von Lust als Lebensziel; Epikur, der reinste Vertreter des Hedonismus, war sein Zeitgenosse. Wir sind die Zeitgenossen Freuds und der Freudianer, die das Lustprinzip zum beherrschenden Prinzip des Lebens erhoben haben. Wie verlockend klingen die Schalmeien, die Lust ohne Last und Selbstsucht ohne Reue versprechen, wie es Aristippos, der Vorgänger des Hegesias getan hatte! Was ist aber, wenn die Lust sich nicht einstellt? Das sehen wir eben bei Hegesias. Der Hedonismus endet im Nihilismus. Man verweigert sich dann dem Leben, das einem so übel mitgespielt hat. Die ganze Philosophie der Nihilisten, von Buddha bis Nietzsche, ist letztlich nichts als eine Trotzreaktion auf enttäuschte Lust. Das war bekanntlich auch bei Schopenhauer der Fall, der in Berlin nur Privatdozent war, aber gerne eine Professur bekommen hätte. Als ihm das schnöde Schicksal diesen Gecken Hegel vor die Nase setzte, dem alle Studenten nachliefen, sagte er, die Trauben seien ja sowieso sauer. Als Saul endlich erkennen musste, dass er sein Ziel mit keinen Mitteln erreichen konnte, verweigerte er sich dem Leben: Er wollte nicht mehr essen (1Sam 28,23).

Beide Antworten, die buddhistische und die nihilistische, sind eitel; denn: Es gibt kein Nicht-Mehr-Sein, nachdem wir einmal ins Dasein gerufen worden sind. Wir werden sein und das ewig. Es bleibt nur eine Frage offen: Nicht ob, sondern wie wir sein werden.

---

30 Nicht auf Sexualität; denn diese lebte der Grieche ohnehin nicht in der Ehe aus, sondern nur mit Geliebten.

b) Ehrgeiz und Schlendrian (4,4-6)

4 Und ich sah all die Mühe und all die Geschicklichkeit in der Arbeit, dass es Eifersucht des einen gegen den anderen ist. Auch das ist Eitelkeit und ein Haschen nach Wind.

In einer bösen Welt böser Menschen wird nicht allein von oben nach unten gedrückt, sondern es treten und beißen sich auch jene, die nebeneinander auf der gleichen Sprosse stehen. Konkurrenz und Rivalität treiben manche zu großen Leistungen an. Wie eitel ist das, geht doch alles aus Konkurrenz geborene Streben ausschließlich in die Horizontale, als gäbe es nichts Höheres, keinen Himmel und keine Ewigkeit. Welche Täuschung, welche Eitelkeit!

5-6 Der Tor faltet seine Hände und verzehrt sein eigenes Fleisch. – Besser eine Hand voll Ruhe, als beide Fäuste voll Mühe und Haschen nach Wind.

Manch einer kann ob des Ellbogenkampfes seiner Mitbürger nur den Kopf schütteln und hält sich aus diesem Jagen heraus, das die Amerikaner sehr treffend »*Ratrace* – Rattenrennen« nennen. Er findet deshalb, er sei weiß nicht wie gescheit. Während er auf seine ehrgeizigeren Zeitgenossen herabschaut, beneidet er sie doch insgeheim um ihren Erfolg und ihren Besitz.

> »Er sieht, wie Fleiß mit Neid und Eifersucht einhergeht, und wie der Tor stürzt er sich daher ins andere Extrem: Er isst sein eigenes Fleisch, d.h. er vergeudet seinen Besitz und versinkt in Armut, muss hungern und magert ab.« (Matthew Poole)

»Besser eine Hand voll Ruhe als beide Fäuste voll Mühe und Haschen nach Wind«: Das ist der Spruch des Mannes, der die Arme verschränkt und dem ehrgeizig Wühlenden zuschaut. Buber übersetzt wie die Elberfelder, Segond übersetzt vielleicht richtiger: *»Mieux vaut une main pleine avec repos que les deux mains pleines avec travail et poursuite du vent* – Besser nur eine volle Hand, aber Ruhe dabei, als beide Hände voll und dazu Mühe und Haschen nach Wind.« Entsprechend übersetzt auch Luther. Besser ist es, nur eine Handvoll zu besitzen und dafür ein gewisses Maß an Ruhe zu genießen, als beide Hände voll der begehrten Güter zu haben, aber dafür keine Ruhe mehr zu kennen. Bescheidenheit ist tatsächlich eines der Merkmale der Weisheit (Spr 15,16; 30,7-9).

c) Einsamkeit und Gemeinschaft (4,7-12)

Der Mensch ist so gemacht, dass er andere braucht und dass andere ihn brauchen. Wie viele leiden aber unter Vereinsamung! Das ist ein altes Übel. Schon die Römer pflegten zu sagen

Magna civitas, magna solitudo – Große Stadt, große Einsamkeit (oder dem Lateinischen und dem Deutschen vielleicht näher: Viel Leut', viel Einsamkeit).

7-8 Und ich wandte mich und sah Eitelkeit unter der Sonne: Da ist ein Einzelner und kein zweiter, auch hat er weder Sohn noch Bruder, und all seiner Mühe ist kein Ende; gleichwohl werden seine Augen des Reichtums nicht satt: »Für wen[31] mühe ich mich doch, und lasse meine Seele Mangel leiden am Guten?« Auch das ist Eitelkeit und ein übles Geschäft.

»Auch dies ist Eitelkeit und ein übles Geschäft«: Da ist ein Einzelgänger, der arbeitet und sogar reich wird. Wie schön wäre es, hätte er jemanden, mit dem er seinen Reichtum teilen oder dem er ihn hinterlassen könnte; aber er hat niemanden. Oder es ist ein Eigenbrötler, der neben sich niemanden ausstehen kann, weil er sein Leben selber gestalten und nicht immer auf andere Rücksicht nehmen will und der auch seinen Reichtum mit niemandem teilen möchte. Seine Augen sind auf Reichtum aus (Spr 23,4.5), aber sie können am Reichtum nie satt werden (siehe 1,8), so groß er auch ist. Alles Schuften ist eitel, wenn die Früchte der Arbeit nicht über das eigene beschränkte Leben hinaus genossen werden können. So ist es dem natürlichen Menschen ein gewisser Trost zu wissen, dass ein Sohn das sauer Erarbeitete übernehmen und würdig weiterführen wird. Wo diese Hoffnung fehlt, erscheint dem Menschen sein Tun wenig sinnvoll. Im Licht der Ewigkeit betrachtet, ist aber alles Arbeiten, das nur diese vergängliche Welt im Auge hat, **»Eitelkeit und ein übles Geschäft«**.

31 1. Mose 15,2

9 Zwei sind besser daran als einer, weil sie eine gute Belohnung für ihre Mühe haben;

»Zwei sind besser daran als einer«:

Holde Freundin nur an deiner Seite
Wird mir jede schwere Bürde leicht
Süßer schwebt mir jede Lebensfreude
Die des Schicksals Hand durch dich mir reicht.

(Novalis: Bei der Wiederkunft einer geliebten Freundin gesungen.)

Die Freundschaft mit einer geliebten Person, die Gemeinschaft mit einem Freund, es sind gute Gabe eines freundlichen Schöpfers. Woher kommt es, dass uns Gemeinschaft so wohl tut? Warum fühlen wir uns im Zusammensein mit einem Freund so heimisch? Hallt da ein schwaches Echo aus einer glücklicheren Zeit zu uns herüber oder gar aus glücklicheren Sphären, aus der Welt Gottes, der vollendeten Heiligen und der Engel? Der Trost der Freundschaft soll uns wirklich ein Fingerzeig zu einer verlorenen Gemeinschaft sein, die wir vielleicht wiedergewinnen könnten, die Gemeinschaft der Familie Gottes.

10 denn wenn sie fallen, so richtet der eine seinen Genossen auf. Wehe aber dem einzelnen, welcher fällt, ohne dass ein zweiter da ist, um ihn aufzurichten!
11 Auch wenn zwei beieinander liegen, so werden sie warm; der einzelne aber, wie will er warm werden?
12 Und wenn jemand den einzelnen gewalttätig angreift, so werden ihm die zwei widerstehen; und eine dreifache Schnur zerreißt nicht so bald.

In diesem Leben ist es besser, sein Leid und sein Glück mit einem andern zu teilen, als sich allein durchbeißen und aufreiben zu müssen (V. 8). Glücklicher ist es auch, wenn zwei füreinander und miteinander arbeiten, statt gegeneinander (V. 4). So ist denn die Gemeinschaft eine gute Gabe des Schöpfers, die uns aus den Zeiten vor dem Sündenfall geblieben ist, um uns etwas von der Bitterkeit des Daseins zu nehmen. Weil die Gemeinschaft aber etwas so Schönes ist, ist es um so bitterer und schnöder, wenn wir uns dieses hohe Gut durch unseren Egoismus selbst verderben; denn wir können das Glück der Gemeinschaft nur genießen, wenn wir Gott über alles und den Bruder wie uns selbst lieben (man vergleiche Phil 2,1-4). Eigenliebe ist der Tod aller Gemeinschaft.

Die Gabe der Gemeinschaft wird unter Menschen nirgends so vollkommen zur Wirklichkeit wie im Leib Christi. Dort werden Juden und Heiden, Griechen und Barbaren, Mann und Frau, Alt und Jung eins (Eph 2). Ist der Christ nicht eine beneidenswerte Kreatur? Weil er Gott fürchtet, findet er in den täglichen Geschäften seine geheime Freude, und dazu findet er in der Gemeinschaft der Heiligen eine Quelle, an der er immer trinken und sich stärken kann. Wie arm ist der Gottlose, der beides nicht kennt; das Leben ist ihm eine Last, und er hat niemanden, mit dem er sie wirklich teilen kann.

»eine dreifache Schnur zerreißt nicht so bald«: Ein Paar, das Kinder hat, hält stärker und inniger zusammen, als ein Paar ohne Kinder. Die dritte Schnur kann aber auch der Herr selbst sein. Ist er die verbindende Kraft zwischen Menschen, dann haben sie in dieser vergänglichen Schöpfung etwas gefunden, das in die Ewigkeit reicht und damit der Eitelkeit alles Geschaffenen enthoben ist. Es ist etwas, das wahrlich **»nicht so bald«** zerreißt: Es zerreißt nie.

d) Es ist keine Veränderung des üblen Zustandes zu erwarten (4,13-16)

13 Besser ein armer und weiser Jüngling als ein alter und törichter König, der nicht mehr weiß, sich warnen zu lassen.

Ein **»armer Jüngling«** ist in dreifacher Hinsicht geringer als ein **»alter König«**. Erstens ist er arm, was Verachtung einbringt, während der König reich ist, was Ehre mit sich bringt. Zweitens ist er jung und darum noch von geringem Gewicht, während letzterer die Würde und das Gewicht des Alters besitzt. Drittens ist er ein Untertan, jener aber ein Herrscher. Größer könnte das Gefälle zwischen den beiden nicht sein. Dennoch ist der arme Jüngling **»besser«**, wenn er weise ist. Welch ungeheures Gewicht muss dann aber der Wert der Weisheit sein, dass sie einen so großen Nachteil wettmacht! Oder umgekehrt gesagt: Wie schwer muss Torheit wiegen, wenn sie die Vorzüge des Alters, des Reichtums und des Ranges aufhebt.

»ein törichter König, der nicht weiß, sich warnen zu lassen«: Die Torheit des Königs besteht nicht in mangelndem Wissen oder in mangelnder Lebenserfahrung oder in mangelnder Intelligenz, sondern in der Unfähigkeit, Rat anzunehmen. Der Besserwisser ist der größte der Toren, wie Salomo an anderer Stelle sagt (Spr 26,12), und von Jakobus erfahren wir, dass die Weisheit von oben folgsam ist (Jak 3,17) oder »es sich sagen lässt« (Luther).

> »In älteren Jahren nichts mehr lernen können, hängt mit dem in älteren Jahren sich nicht mehr befehlen lassen wollen zusammen, und zwar sehr genau.« (Georg Christoph Lichtenberg, 1742-1799)

14 Denn aus dem Hause der Gefangenen ging er hervor, um König zu sein, obwohl er im Königreiche jenes Königs arm geboren war.

Der Arme war sogar zuerst im Gefängnis, aber es war ihm bestimmt, einst König zu sein. Weder Gefangenschaft noch Armut konnten seine Bestimmung zunichte machen. (Segond: *»Car il peut sortir du prison pour régner, et même être né pauvre dans son royaume.«*) Wir müssen sogar sagen, dass es gerade dieser Weg durch Armut und Gefängnis war, der den Jüngling zum tauglicheren Regenten machte als den alten König vor ihm. Wer dächte hier nicht an Joseph, der in den langen Jahren des Leidens solche Weisheit lernte, dass der Pharao ihn am Ende zum Herrscher über ganz Ägypten machte? Oder an David, der zuerst erniedrigt werden musste, bevor er den Thron besteigen durfte? Oder, vor allen anderen, an den Messias Jesus? Er musste zuerst *»dies leiden«* und konnte erst danach *»in seine Herrlichkeit eingehen«* (Lk 24,26).

15 Ich sah alle Lebenden, die unter der Sonne wandeln, mit dem Jünglinge, dem zweiten, welcher an jenes Stelle treten sollte:
16 kein Ende all des Volkes, aller derer, welchen er vorstand; dennoch werden die Nachkommen sich seiner nicht freuen. Denn auch das ist Eitelkeit und ein Haschen nach Wind.

»dennoch werden die Nachkommen sich seiner nicht freuen«: Sollte der junge arme Mann als König bis zu seinem Lebensende weise bleiben, dann wäre damit den Nachgeborenen nicht geholfen, denn sie durften seine gute Regierung nicht mehr genießen. Auch das ist Eitelkeit und ein Haschen nach Wind. Der weise Jüngling war durch Gottes Fügung aus Niedrigkeit erhöht und auf den Königsthron erhoben worden. Auch die Weisheit, die ihm zu seinem Aufstieg verhalf, war eine gnädige Gabe Gottes gewesen. Wenn aber sein Vorgänger im Alter ein Tor geworden war, dann haben wir wenig Hoffnung für den jungen König, dass er bei all seiner Popularität und angesichts seiner Machtfülle – **»kein Ende all des**

Volkes, all derer, welchen er vorstand« – nicht auch als ein alter und törichter Mann enden wird, der sich auch nicht mehr weiß raten zu lassen, weil er vergessen hat, dass er alles, was er ist und hat, seinem Schöpfer verdankt und dass ihm deshalb Bescheidenheit und Demut gut stehen würden.

Der *jælæd miskên w^e^chakâm*, der **»arme und weise Jüngling«** von V.13 ist der erste Hinweis auf den Messias in diesem Buch. Es folgen drei weitere. Alle zusammen sind diese:

1. der **»arme und weise Jüngling«** (4,13)
2. der **»eine Mann aus Tausenden«** (7,28)
3. der **»arme weise Mann«** (9,15)
4. der **»eine Hirte«** (12,11).

e) Der einzige Ausweg: Es ist über uns ein Gott im Himmel (4,17 - 5,8)

4,17 Bewahre deinen Fuß, wenn du zum Hause Gottes gehst; und nahen, um zu hören, ist besser, als wenn die Toren Schlachtopfer geben: denn sie haben keine Erkenntnis, so dass sie Böses tun. –

Kapitel 5

5,1 Sei nicht vorschnell mit deinem Munde[32], und dein Herz eile nicht, ein Wort vor Gott hervorzubringen[33]; denn Gott ist im Himmel, und du bist auf der Erde: darum seien deiner Worte wenige.
5,2 Denn Träume kommen durch viel Geschäftigkeit, und der Tor wird laut durch viele Worte.

»Wenn du zum Hause Gottes gehst«: In dieser Welt von Bedrückern und Bedrückten, von Neidern und von Toren, gibt es einen Ort der Gerechtigkeit; und da es dort Gerechtigkeit gibt, gibt es auch Frieden und Ruhe für das Gemüt. Gott hat sich in dieser

32 Jakobus 1,19

33 Sprüche 20,25

Schöpfung geoffenbart, und er hat uns den Weg gewiesen, auf dem wir in seine Gegenwart treten können. Unter den Augen des gerechten Richters lernen wir Gottesfurcht und Abscheu vor dem Bösen, und da finden wir Trost inmitten aller Ungerechtigkeit, die man uns vielleicht angetan hat oder die wir um uns sehen und über die wir uns ereifern. Damit uns aber diese Zuflucht nicht durch unsere eigene Torheit genommen wird, müssen wir zusehen, dass wir »unseren Fuß bewahren«. Ist der Zugang zu Gott der einzige Ausweg, dann müssen wir um alles in der Welt darauf achten, dass wir uns diesen Weg nicht verbauen.

»nahen um zu hören«: Hören ist das Erste, das wir tun müssen, nicht reden. Wie voll ist unser Herz, wie gerne machen wir unserer Empörung Luft! Aber wir müssen zuerst von Gott selbst hören, wer er ist und was er will. Es ist nicht umsonst, dass das Glaubensbekenntnis des alten Bundesvolkes mit dem Befehl beginnt: *»Höre, Israel!«* (5Mo 6,4)

»Sei nicht vorschnell mit deinem Munde«: Hüten wir uns, dass wir nicht durch unbesonnen vor Gott ausgesprochene Worte die Gottesfurcht verlieren; dass wir dabei nicht vergessen, dass Gott im Himmel ist und wir auf der Erde, dass er der ewige, der unumschränkte, der furchtbare Gott ist, während wir erbärmliche Geschöpfe, Sünder und Narren sind! Haben wir nämlich die Gottesfurcht verloren, haben wir uns den Weg zu Gott verbaut; *»darum seien deiner Worte wenige«.*

»der Tor wird laut durch viele Worte«: Jean Paul (1763-1825) sagte:

> »Sprachkürze gibt Denkweite.«

Und Augustin, der ehemalige Lehrer der Rhetorik, hatte sich gut genug kennengelernt, um zu sagen:

> »Die Armut menschlichen Erkennens ist meist an Worten überreich.« (Confessiones, XII, 1).

Von Heine stammen folgende liebenswürdigen Verslein:

Gott gab uns nur einen Mund,
Weil zwei Mäuler ungesund.
Mit dem einen Maule schon
Schwätzt zu viel der Erdensohn.
Wenn er doppelmäulig wär,
Fräß und lög er auch noch mehr.
Hat er jetzt das Maul voll Brei
Muss er schweigen unterdessen,
Hätt er aber Mäuler zwei,
Löge er sogar beim Fressen.

(Heinrich Heine, Zur Teleologie)

3 Wenn du Gott ein Gelübde tust, so säume nicht, es zu bezahlen; denn er hat kein Gefallen an den Toren. Was du gelobst, bezahle.

»Denn er hat kein Gefallen an den Toren«: Es ist Torheit, ein leichtfertiges Gelübde auszusprechen; denn es ist ein Verkennen der Heiligkeit und der Wirklichkeit Gottes; ein Tun, das Gott zu einer rein theoretischen Größe und den Menschen zur einzig entscheidenden Größe deklariert. Und haben wir uns in einem Gelübde an den Ewigen gebunden und halten es nicht, verlieren wir jede Scheu vor dem Ewigen. Haben wir aber diese Scheu verloren, haben wir gleichzeitig Gott selbst verloren. Haben wir aber Gott verloren, haben wir alles verloren.

4 Besser, dass du nicht gelobst, als dass du gelobst und nicht bezahlst[34].

Darum ist es besser, gar nicht zu geloben, besser, gar nicht zu schwören, wie der Sohn Gottes uns gelehrt hat (Mt 5,34-37). Die Torheit des Schwörenden und Gelobenden ist die, dass er sich überschätzt und damit Gottes Heiligkeit, Gerechtigkeit und Allmacht unterschätzt. Und das ist böse; darum ist Schwören aus dem Bösen. Eine böse Frucht dieses Bösen ist ein Gewissen, das für Gott und die Ewigkeit stumpf wird; und ein stumpfes Gewissen ist der sichere Vorbote des ewigen Verderbens.

34 4. Mose 30,3; 5. Mose 23,22f

5 Gestatte deinem Munde nicht, dass er dein Fleisch sündigen mache; und sprich nicht vor dem Boten Gottes, es sei ein Versehen gewesen: warum sollte Gott über deine Stimme zürnen und das Werk deiner Hände verderben?

»Sprich nicht ... es sei ein Versehen gewesen«: Vor Gott gelten keine Ausreden. Er kennt unser Herz und weiß, dass wir gedankenlos oder besser: gottlos gelobten. Es ist ein schlimmer Frevel, weil er, wie gesagt, die Gottesfurcht zerstört. Dass es aber auf diese mehr ankommt als auf alles andere, sagt uns der letzte Satz im nachstehenden Vers:

6 Denn bei vielen Träumen und Worten sind auch viele Eitelkeiten. Vielmehr fürchte Gott.

»Vielmehr fürchte Gott«: Gott muss gefürchtet werden; wer zu viele Worte macht, verachtet ihn, wovor Gott uns bewahre! Haben wir nämlich die Furcht vor Gott verloren, haben wir uns den Anfang der Weisheit (Spr 9,10) verscherzt und werden nie *»weise zur Errettung«* (2Tim 3,15) werden.

7 Wenn du die Bedrückung des Armen und den Raub des Rechts und der Gerechtigkeit im Land siehst, so verwundere dich nicht über die Sache; denn ein Hoher lauert über dem Hohen[35], und Hohe über ihnen.

»Ein Hoher lauert über dem Hohen und Hohe über ihnen«: Weil der Allerhöchste über den Hohen in dieser Welt **»lauert«**, darum muss uns die Bedrückung des Armen und der Raub des Rechts nicht in Verbitterung oder Zynismus stürzen; Gott wird zu seiner Zeit einem jeden vergelten nach seinen Werken. Und in der Tat: Er lauert über den Menschen; denn diese merken ihn so wenig wie die grasende Gazelle den Löwen, der sich schon zum Sprung duckt. Ebenso unverhofft werden sie am Tag des Gerichts vom Unglück heimgesucht und hinweggerafft (Lk 21,35).

8 Aber ein König, der sich dem Ackerbau widmet, ist durchaus ein Vorteil für ein Land.

Der Vers ist nicht leicht in den Zusammenhang einzuordnen. Die Authorised Version (AV) übersetzt: *»Moreover the profit of the*

35 Hiob 21,22; Psalm 82,1

earth is for all: the king himself is served by the field – Zudem ist der Nutzen der Erde für alle: der König selbst wird durch den Acker bedient.« Der Sinn der Aussage wäre dann dieser: Der König, der ja einer der im V. 8 genannten Hohen ist, täte gut daran, sich daran zu erinnern, dass er ebenso sehr wie der Ärmste seiner Untertanen von den guten Gaben des Erdbodens abhängig ist, die ein freundlicher Schöpfer allen wachsen lässt. Das lehrte ihn Bescheidenheit und Demut vor Gott und bewahrte nicht allein seine Untertanen vor seiner Rücksichtslosigkeit, sondern auch ihn vor vielen Sünden und den auf sie folgenden gerechten Strafen. Bleiben wir bei der deutschen Übersetzung, können wir auf König Ussija verweisen (2Chr 26,10). Vielleicht ist der Sinn der Aussage dann folgender: Ein solcher König beweist durch seinen Sinn für Ackerbau, dass er das Wohl seiner Untertanen im Auge hat.

f) Eitelkeit des Reichtums (5,9-16)

In diesen Versen findet sich ein dritter Trost nach jenem der Freundschaft und der Gottesfurcht. Manche haben behauptet, die Religion sei eine Erfindung der Reichen, um die Armen durch billiges Vertrösten auf ein besseres Los im Himmel zahm zu machen. Das ist in verschiedener Hinsicht eine ziemlich dumme Behauptung. Ein Grund ist der, dass der Drücker, der sich auf Kosten der Gedrückten bereichert, eigentlich der Gedrücktere der beiden ist. Sein Glück ist schal und sein Verdruss ist groß. Es finden sich in diesen Versen eine ganze Reihe von Gründen, warum der Mensch, der um jeden Preis reich werden will, sich nicht allein um sein ewiges und damit wahres Glück bringt, sondern sich schon hier und jetzt selbst straft.

9 Wer das Geld liebt, wird des Geldes nicht satt; und wer den Reichtum liebt[36], nicht des Ertrages. Auch das ist Eitelkeit.
10 Wenn das Gut sich mehrt, so mehren sich, die davon zehren; und welchen Nutzen hat dessen Besitzer, als das Anschauen seiner Augen?
11 Der Schlaf des Arbeiters ist süß[37], mag er wenig oder viel essen; aber der Überfluss des Reichen lässt ihn nicht schlafen. –

---

36 Sprüche 23,4; Hebräer 13,5

37 Sprüche 3,24

12 Es gibt ein schlimmes Übel, das ich unter der Sonne gesehen habe: Reichtum, welcher von dessen Besitzer zu seinem Unglück[38] aufbewahrt wird.
13 Solcher Reichtum geht nämlich durch irgend ein Missgeschick verloren; und hat er einen Sohn gezeugt, so ist gar nichts in dessen Hand.
14 Gleichwie er aus dem Leibe seiner Mutter hervorgekommen ist, wird er nackt wieder hingehen[39], wie er gekommen ist; und für seine Mühe wird er nicht das Geringste davontragen, das er in seiner Hand mitnehmen könnte[40].
15 Und auch dies ist ein schlimmes Übel: ganz so wie er gekommen ist, also wird er hingehen; und was für einen Gewinn hat er davon, dass er in den Wind sich müht?
16 Auch isset er alle seine Tage in Finsternis und hat viel Verdruss und Leid und Zorn.

»Wer das Geld liebt«: Die Liebe zum Geld ist zwar sehr verbreitet, aber sie ist trotzdem ein furchtbares Übel, eine Wurzel alles Bösen und ein Verursacher von großen Schmerzen:

> *»Denn die Geldliebe ist eine Wurzel alles Bösen, welcher nachtrachtend etliche von dem Glauben abgeirrt sind und sich selbst mit vielen Schmerzen durchbohrt haben«* (1Tim 6,10).

Salomo präsentiert eine lange Reihe von disqualifizierenden Aussagen über den Wert oder besser den Unwert irdischen Reichtums. Er befindet sich in seinem Urteil vollständig in Einklang mit dem Völkerapostel, der sagt, dass der Mann, der das Geld liebt, niemandem so sehr schadet wie sich selbst.

Der Bedrücker kann des Geldes, das er sich durch Bedrückung aufgehäuft hat, nicht froh werden: **»Er wird des Geldes nicht satt«:** Das Geld kann nur Dinge kaufen, die Auge und Ohr befriedigen oder eben nicht befriedigen können; denn Auge und Ohr werden des Sehens und Hörens nie satt (1,8). Die höchsten Güter sind nicht für Geld zu haben. Wie sangen die Beatles vor Jahren: »*Can't buy me love* – Ich kann mir keine Liebe kaufen«.

---

38 Sprüche 1,19

39 Hiob 1,21

40 Psalm 49,17f; Lukas 12,20

Was sind dieses Lebens Güter?
Eine Hand
Voller Sand
Kummer der Gemüter.
Dort, dort sind die edlen Gaben,
Da mein Hirt
Christus wird
Mich ohn' Ende laben.

(Paul Gerhardt)

»Welchen Nutzen« hat der Reiche von all seinem Besitz **»als das Anschauen seiner Augen?«** Streng genommen hat der Reiche ja gar nicht mehr als der Arme; er hat auch nur *ein* Augenpaar, *einen* Mund und Magen; er kann nicht für zwei genießen. So kann er mit all seinem Überfluss letztlich nicht mehr anstellen, als ihn mit seinen Augen anschauen. Das ist aber große Eitelkeit; denn das Auge wird des Sehens wirklich nicht satt.

Dafür hat der Reiche viele Dinge, die der Arme dem Reichen gerne überlässt: **»Der Überfluss des Reichen lässt ihn nicht schlafen«**. Während der Bedrücker sich durch Gier oder Sorgen den Schlaf raubt, ist der Schlaf des armen von ihm bedrückten Mannes **»süß«**. Immerhin liegen wir ein ganzes Drittel unseres Lebens in der Horizontale. Dieses Drittel verbringt der Arme unendlich besser als der Reiche.

Der Reichtum wird **»von dessen Besitzer zu seinem Unglück aufbewahrt«**, nicht zu seinem Glück. (Luther: »Es ist ein böses Übel, das ich sah unter der Sonne: Reichtum, behalten zum Schaden dem, der ihn hat.«) Es kann ja nicht schön sein, beständig mit der dumpfen Ahnung eines Unglücks leben zu müssen, das einem plötzlich den Reichtum aus der Hand reißt: **»Solcher Reichtum geht nämlich durch irgendein Missgeschick verloren.«** Es fällt uns schwer zu glauben, Reichtum bringe nicht Glück, sondern Unglück, aber das beweist nur, wie töricht wir sind. Was sagt Salomo als nächstes, außer, dass der Reiche nicht schlafen kann und immer Angst hat um seine Reichtümer? Er kann von allem, was er sich aufgehäuft hat, nichts mitnehmen: **»Gleichwie er aus dem Leib seiner Mutter hervorgekommen ist, wird er nackt wieder hingehen.«** Paulus sagt im gleichen Zusammenhang wie Salomo, als auch er vor der Geldliebe warnt, dass wir nackt in die Welt gekommen sind und sie nackt verlassen werden (1Tim 6,7). Das Ergebnis des ganzen Strebens nach Reichtum ist wertlos: **»Was für einen Gewinn hat er davon, dass er in den Wind sich müht?«** Er hat keinen Gewinn. Wollen wir wirklich mit dem Reichen tauschen? Immerhin hat er seine täglichen Genüsse! Auch diese werden ihm vergällt; denn zu allem Überdruss kann er sich nicht einmal an seinen üppigen Mahlzeiten freuen, sondern isst **»alle seine Tage in Finsternis«**. Finsternis steht hier für Missmut oder Kummer (vgl. 2,13.14), so wie Licht für Freude steht (vgl. 11,7.8). Ist das ein beneidenswertes Los? Wollen wir tatsächlich reich werden und uns **»viel Verdruss und Leid und Zorn«** einhandeln? Wenn wir nur ein wenig bei Verstand sind, ganz sicher nicht.

g) Ergebnis (5,17-19)

17-19 Siehe, was ich als gut, was ich als schön ersehen habe: dass einer esse und trinke und Gutes sehe bei all seiner Mühe, womit er sich abmüht unter der Sonne, die Zahl seiner Lebenstage, die Gott ihm gegeben hat; denn das ist sein Teil. Auch ist für jeden Menschen, welchem Gott Reichtum und Güter gegeben und den er ermächtigt hat, davon zu genießen und sein Teil zu nehmen und sich bei seiner Mühe zu freuen, eben dieses eine Gabe Gottes. Denn er wird nicht viel an die Tage seines Lebens denken, weil Gott ihm gewährt, was sein Herz erfreut.

»Die Lebenstage, die Gott ihm gegeben hat«: Salomo versäumt es nicht, wiederum daran zu erinnern, dass wir alles, unser Leben, unsere Tage, unseren Besitz, unser tägliches Brot, Gott verdanken. Nehmen wir es aus seiner Hand hin und freuen wir uns an seiner Treue und an seinen guten Gaben, dann haben wir das höchste Glück gefunden, das diese Schöpfung bieten kann. Gott gibt Reichtum und Güter, und Gott gibt auch die Fähigkeit, sie zu genießen; es ist **»eben dieses eine Gabe Gottes«**. Der Mensch, der die Gaben nimmt, aber vergisst, wer sie ihm gegeben, wird sie nicht genießen können. Viel haben und es nicht genießen können gehört aber zum Schlimmsten, was uns passieren kann. Der nächste Abschnitt (»Anfang und Ende«) wird davon handeln.

»Er wird nicht viel an die Tage seines Lebens denken«: Es ist ein herrlich leichtes Leben, wenn es so schwerelos vorbeigeht, dass man kaum wahrnimmt, wie die Tage verstreichen. Das ist ein bemerkenswerter Kontrast zur Bedrückung und damit zum Druck, mit dem dieser ganze Abschnitt begann (4,1). So ist aber das Leben nur für den, der aus Gottes Hand und unter Gottes Hand lebt. Es ist ihm nicht ein Schrecken, plötzlich zu merken, wie der verflossenen

Tage schon so viele geworden und die Lebensspanne nach aller menschlichen Erwartung auf kümmerliche ein oder zwei Jahrzehnte zusammengeschrumpft ist. Nein, seine Sehnsucht zieht ihn ja beständig zu den ewigen Wohnungen. Jeder Tag, der vergangen ist, hat ihn dem Ziel seiner Sehnsüchte näher gebracht; mit schrumpfender Lebenserwartung schrumpft ihm der Mut darum nicht, im Gegenteil: Er wird ihm von Tag zu Tag größer.

Kapitel 6

5. Anfang und Ende (6,1 - 7,14)

Die Gedanken dieses Abschnittes fügen sich ganz organisch an das eben behandelte Thema: Ist das Leben von Bedrückern und Bedrückten geprägt, dann kann ich nur darin Trost finden, dass das Ende erst über den Wert des Lebens zuverlässige Auskunft gibt. So sagt denn Salomo, das Ende einer Sache sei besser als ihr Anfang (7,8). Wenn das Ende eines Lebens gut ist, dann war das ganze Leben gut, auch wenn es kein »schönes Leben« war. Ist das Ende aber schlecht, dann ist damit auch das erfolgreichste Leben schlecht geworden. Beim Tod Wallensteins, des berühmten kaiserlichen Feldherrn im Dreißigjährigen Krieg, dichtete ein zeitgenössischer Dichter:

> Was ist dies Leben doch? Ein Trauerspiel ist's zu nennen,
> Da ist der Anfang gut, auch wie wir's wünschen können,
> Das Mittel voller Angst, das End ist Herzeleid,
> Ja, wohl der bittre Tod: O kurze Fröhlichkeit!
>
> (Johannes Rist, 1607-1667: Als die ohnverhoffte Zeitung erschallete, dass der Herzog von Friedland zu Eger sei ermordet worden.)

Da mag einer adelig und damit »hochgeboren« sein und damit einen guten Anfang haben, und trotzdem hat auch er wie wir alle einen schlechten Anfang gehabt. Wir sind vorbelastet auf die Welt gekommen, in eine schlechte Familie hineingeboren: in die Familie Adams. Aber wir können ein gutes Ende haben. Dazu müssen wir aber lernen, richtig zu sterben, nämlich im Frieden mit Gott. Ich befürchte, das ist eine Kunst, die heute sehr in Vergessenheit geraten oder eher: verdrängt worden ist. Man will nicht ans Ende denken.

Das ist aber große Torheit, denn das Ende kommt sicher, und auf dieses Ende kommt es wirklich an[41].

In fünf Abschnitten erörtert Salomo diese Wahrheit:

a) Ein guter Anfang mit schlechtem Ende ist Eitelkeit (6,1-6)
b) Die Eitelkeit alles Zeitlichen (6,7-9)8
c) Unabänderlichkeit allen zeitlichen Geschehens (6,10-12)
d) Das Ende einer Sache ist besser als ihr Anfang (7,1-9)
e) Das Leben nach der Beurteilung des Weisen (7,10-12)
f) Ergebnis (7,13-14)

a) Ein guter Anfang mit schlechtem Ende ist Eitelkeit (6,1-6)

1 Es gibt ein Übel, welches ich unter der Sonne gesehen habe, und schwer lastet es auf dem Menschen:
2 Einer, dem Gott Reichtum und Güter und Ehre gibt und der nichts für seine Seele entbehrt von allem, was er wünschen mag; aber Gott ermächtigt ihn nicht, davon zu genießen, sondern ein Fremder[42] genießt es. Das ist Eitelkeit und ein schlimmes Übel.
3 Wenn einer hundert Söhne zeugte und viele Jahre lebte, und der Tage seiner Jahre wären viele, und seine Seele sättigte sich nicht an Gutem, und auch würde ihm kein Begräbnis zuteil, so sage ich: Eine Fehlgeburt ist besser daran als er.
4 Denn in Nichtigkeit kommt sie, und in Finsternis geht sie dahin, und mit Finsternis wird ihr Name bedeckt;
5 auch hat sie die Sonne nicht gesehen noch gekannt. Diese hat mehr Ruhe als jener.

»Schwer lastet es auf dem Menschen«: Das hier genannte Übel wird von jedem wahrgenommen; aber der Mensch kann an ihm nichts ändern. Darum drückt es ihn doppelt. Wie sollte er den Widersinn dieses Übels nur begreifen können: Gott (oder das Schicksal?) gibt einem Menschen alles in die Hand, aber scheinbar nur, um Spott mit ihm zu treiben. Es ist unendlich frustrierender, vom Guten, das in unserer Reichweite oder gar in unserem Besitz ist,

41 John Bunyan: »Der Teufel verwendet alle ihm verfüglichen Mittel, um jeden Gedanken an das Hinübergehen aus dieser in die jenseitige Welt zu verdrängen. Denn er weiß, wenn er den Menschen vom ernsthaften Nachdenken über den Tod abhalten kann, kann er ihn um so leichter in den Sünden gefangen halten. Nichts treibt uns mehr an, das Werk unserer Errettung zu wirken, als ein häufiges Nachdenken über unsere Sterblichkeit.«

42 5. Mose 28,30; Sprüche 5,10

nicht genießen zu können, als dieses Gute nie gesehen zu haben (siehe V. 3-5).

Ist Gott nicht gerecht, wenn er so handelt? Gott ist es, der **»Reichtum, Güter und Ehre gibt«**. Das soll den Menschen Dankbarkeit lehren (Röm 1,21); lernt er sie nicht, lässt ihn deshalb der gleiche Gott, der ihm so viel Gutes geschenkt, nichts von diesen Gaben genießen. So wird denn der Segen zum Fluch (Mal 2,2). Ja, je größer der anfängliche Segen, desto bitterer wird am Ende der Fluch, ihn nicht genießen zu können.

Wie kommt es denn, dass einer **»Hunderte Söhne«**[43] gehabt und **»viele Jahre«** gelebt haben kann, und **»seine Seele sättigte sich nicht an Gutem«**? Hatte ihm Gott nicht alles zum Genuss dargereicht (1Tim 6,17)? War etwa der Geber nicht gut? Oder war die Gabe nicht genießbar? Doch, Gott ist gut und seine Gaben waren gut, aber der Empfänger war böse. Undankbarkeit raubt dem Undankbaren den Genuss am Guten (siehe Spr 15,16.17). Das zeigt uns, dass es nicht an den Umständen und nicht an Gott liegt, wenn wir ein schlechtes Ende haben. Wir können niemandem die Schuld dafür geben als nur uns.

So ist in der Tat die **»Fehlgeburt besser dran«** als der Sünder, der dem Schöpfer für alle erfahrenen Wohltaten keinen Dank zu geben weiß; denn die Fehlgeburt hat nichts gesehen, was ihre Frustration hätte nähren und mehren können, hat auch keine Schuld auf sich geladen für verweigerten Dank und wird darum diese Sünde vor Gott nicht verantworten müssen. So ist es am Ende doch wahr: Nicht gelebt zu haben ist besser, als gottlos gelebt zu haben. Ein gottloses Leben ist sehr übel, und das Ende des Gottlosen noch mehr. Wir können also erst dann von einem Leben sagen, es wäre besser nicht gelebt worden, wenn es in Sünde vertan und im Unglauben abgeschlossen wurde. Das ist aber weder Nihilismus noch Pessimismus, sondern ganz einfach Realismus. John Bunyan schrieb mit der für ihn typischen Leidenschaft:

> »O Sünder, wohin wirst du fallen, wenn du diese Welt verlässest? Wenn du unbekehrt dahingehst, dann wäre es besser gewesen, du wärest bei der Geburt zerschmettert worden; man hätte dir alle Glieder einzeln ausgerissen; du wärest als ein Hund, eine Kröte oder eine Schlange zur Welt gekommen, als unbekehrt zu sterben.

43 Eine bestimmte runde Zahl steht hier für eine unbestimmte, wie in 1. Samuel 18,7.

Wenn einer einmal verdammt ist, dann kann er jeder Freude Lebewohl sagen. O, wer kennt die Stärke von Gottes Zorn? Niemand als die Verdammten. Die Hölle wäre eine Art Paradies, wäre sie nicht schlimmer als das Schlimmste in dieser Welt.«

6 Und wenn er auch zweimal tausend Jahre gelebt und Gutes[44] nicht gesehen hätte: geht nicht alles an einen Ort?

»Geht nicht alles an einen Ort?«: Der Reiche und der Arme kommen am festgesetzten Tag in die Ewigkeit. Was zählt dann noch, wie üppig oder ärmlich einer hier gelebt hat? Der **»eine Ort«** lässt alle zeitlichen Unterschiede in nichts zusammenfallen. Ist der Arme in der ewigen Herrlichkeit, vergisst er alle Armut; ist der Reiche in der Hölle, quält ihn die Erinnerung an seine lebenslange Undankbarkeit bei allem von Gott geschenkten Wohlstand nur um so mehr (Lk 16,25).

b) Die Eitelkeit alles Zeitlichen (6,7-9)

7 Alle Mühe des Menschen ist für seinen Mund, und dennoch wird seine Begierde nicht gestillt.

Das ist eine elende Sache, unerträglich ist sie, wenn wir sie wirklich begreifen: Der Mensch müht sich für seinen Mund. Er arbeitet, um zu essen; denn er muss essen, um zu leben. Wie schnell geht die Speise durch den Mund, und vorbei ist der Genuss! Er ist ein unersättlicher Durchlass, der des Essens nie genug haben kann. Immer wieder und endlos muss Neues nachgeschoben werden, und »dennoch wird seine Begierde nie gestillt«.

8 Denn was hat der Weise vor dem Toren voraus, was nützt es dem Armen, der es versteht, vor den Lebenden zu wandeln?

Was hat der Weise dem Toren, der Gelehrte dem Unwissenden voraus, wenn er gleich diesem für seinen Bauch leben muss, Gott aber diesen an seinem Tag verderben wird (1Kor 6,13)? Welchen Vorteil hat der Mann, der seines Reichtums oder seiner Gelehrsamkeit wegen **»vor den Lebenden«** stehen kann, wenn er genauso arm

44 Psalm 34,13

dran ist wie diese, nämlich genauso dafür leben muss, dass er seinen Bauch füllen kann, und kein höheres Ziel kennt?

9 Besser das Anschauen mit den Augen als das Umherschweifen[45] der Begierde. Auch das ist Eitelkeit und ein Haschen nach Wind.

Besser sich mit dem zufrieden geben, was einem vor Augen steht, d.h. was zu besitzen und zu tun Gott einem gegeben hat (so wird **»sehen«** in 2,24; 3,13 wie auch an anderen Stellen im AT verwendet, z.B. Ps 34,13), als das rastlose Umherschweifen der Begierde. Das ruhelose Begehren von Dingen, die man nicht besitzt und nicht zu tun vermag, ist eine furchtbare Plage des Gemüts, ein die Seele ewig narrendes Geschäft. Dass die Höllenpein zu einem guten Teil in beständigem Begehren und nie im Erlangen besteht, das wussten die Heiden schon, wie sie am Schicksal ihres Sisyphos und Tantalos darzustellen wussten.

c) Unabänderlichkeit allen zeitlichen Geschehens (6,10-12)

10 Was entsteht, schon längst war sein Name genannt; und es ist bekannt, was ein Mensch sein wird, und er vermag nicht mit dem zu rechten[46], der stärker ist als er[47].
11 Denn es gibt viele Worte, welche die Eitelkeit mehren; welchen Nutzen hat der Mensch davon?

Ist das Ende einer Sache wichtig, damit die Sache selbst sinnvoll ist, dann müssen wir zusehen, dass wir das Ende kennen oder wenigstens wissen, wer oder was dieses bestimmt. Genau davon spricht dieser Abschnitt. Gott kennt das Ende eines jeden Menschen, und wenn er es weiß, dann hat er es auch determiniert, denn Gott ist nicht allein **»bekannt«**, was der Mensch sein wird, sondern es war auch längst **»sein Name genannt«**; das bedeutet, seine Identität war von Gott bereits gegeben, ehe der Mensch geschaffen wurde. Gott ist es also, der von Anfang an das Ende einer jeden Sache verfügt (Jes 46,9.10). Wollen wir über unser Ende weise wer-

---

45 Sprüche 17,24

46 Hiob 26,23; Römer 9,20

47 Das war die Torheit einiger Korinther. Sie dachten, sie könnten nach ihren eigenen Vorstellungen leben und davonkommen. Paulus fragt sie: »Oder reizen wir den Herrn zur Eifersucht? Sind wir etwa stärker als er?« (1. Korinther 20,22).

den, müssen wir uns darum an Gott wenden, dass er es uns offenbare. Beides, Anfang und Ende, ist in Gottes Hand (siehe auch Pred 9,1 und 11,5).

> *»Meinen Keim sahen deine Augen, und in dein Buch waren sie alle eingeschrieben; während vieler Tage wurden sie gebildet, als nicht eines von ihnen war«* (Ps 139,16).

Das bedeutet aber, dass wir, wenn wir ein gutes Ende haben wollen, uns dem unterwerfen müssen, der von Anfang an dieses Ende verfügt hat. Dass Gott über Anfang und Ende verfügt, das mag den Sünder zwar aufbringen, aber was will er gegen Gott ausrichten? Wer hat seinem Willen widerstanden (Röm 9,19.20)? Wird er durch sein Toben und Lästern auch einen Tag zu den von Gott verordneten Tagen hinzufügen können (Mt 6,27)? Wird er auch nur eines der im Buch unserer Erdentage vorher verzeichneten Dinge ändern können? Unterwerfen wir uns besser ihm, der alles wirkt nach dem Rate seines Willens (Eph 1,11), und dann werden wir erfahren, dass sein Wille gut ist.

»denn es gibt viele Worte, welche die Eitelkeit mehren«:[48] Hierüber mag der Tor viele Worte machen, die aber nur die Eitelkeit mehren. Schweigen wir vor Gott und lassen wir ihn Gott sein. Es gereichte uns erstens zur Ehre und zweitens zum Wohl.

12 Denn wer weiß, was dem Menschen gut ist im Leben, die Zahl der Tage seines eitlen Lebens, welche er wie ein Schatten[49] verbringt? Denn wer kann dem Menschen kundtun, was nach ihm sein wird unter der Sonne?

»Wer weiß, was dem Menschen gut ist im Leben?«: Eine in dieser Weise gestellte Frage legt die Antwort bereits in den Mund: Kein Mensch weiß es; oder in der Sprache des Predigers: Niemand unter der Sonne weiß es. Es wird kein Geschaffenes, das um seine eigene Begrenztheit weiß, die Antwort zu geben versuchen. Sein Leben ist **»eitel«**, er verbringt es **»wie ein Schatten«**. Ein Schatten hat kein Wesen; so ist unser von Gott getrenntes Leben geworden. Das Wesen aller Dinge ist bei Gott; er weiß, was uns gut ist, und

---

48 Louis Segond: S'il y a beaucoup de choses il y a beaucoup de vanités.

49 Psalm 39,7; 90,10; 1. Chronik 29,15

hängen wir uns an ihn, werden wir jenes Leben finden, das kein Schatten ist. Und haben wir das wahre Leben ergriffen, dann kümmert es uns nicht, dass unsere Tage auf der Erde wie ein Schatten sind; dann suchen wir nicht die Dinge dieser Welt zu erhaschen und festzuhalten, wissen wir doch, dass man den Schatten nicht greifen kann.

> *»Ergreife das ewige Leben, zu welchem du berufen worden bist«* (1Tim 6,12).

»Wer kann dem Menschen kundtun, was nach ihm sein wird?«: Diese zweite Frage enthält eine weitere Antwort: Der Mensch möchte wissen, was nach ihm **»unter der Sonne«** sein wird, was auf der Erde noch alles geschehen muss, damit er sein irdisches Leben intelligent führen und vor allen Eventualitäten gewappnet sein kann. Er wird das aber nie wissen; darum muss sein aufs Diesseits beschränkte Leben eitel bleiben. Er muss jedoch wissen, was nach diesem Leben sein wird, wenn er wissen soll, was ihm in diesem Leben gut ist. Das weiß aber nur Gott und wem Gott es offenbart. Der Prediger hat uns bereits mehr als einmal gesagt, dass einzig die Seele, die im jenseitigen Gott verankert ist, die ihre Heimat über der Sonne weiß, in diesem Leben das Gute kennen und demgemäß leben kann. Sie weiß auch nicht, was morgen alles passieren könnte, aber sie muss sich nicht um eventuelle Unglücksfälle sorgen, da diese ihr bleibendes Teil nicht antasten können. In 11,9 wird Salomo es nochmals sagen (siehe dort).

Wie hängen die Verse 10 und 12 miteinander zusammen? In V. 10 wird gesagt, dass bei Gott alle Dinge und ein jeder längst zuvorerkannt sind. Wir müssen uns dem unterordnen, der von Anfang an alles nach dem Rate seines Willens gefügt hat, wenn wir ein gutes Ende haben wollen.

Kapitel 7

d) Besser das Ende einer Sache als ihr Anfang (7,1-9)

Sechsmal steht in diesen Versen das Wort **»besser«**, einmal das Wort **»Vorzug«**. Wir sollen lernen, worauf es im Leben ankommt, wir sollen lernen, *»das Vorzüglichere«* vom Schlechteren zu unterscheiden (Phil 1,10). Woran entscheidet sich denn, ob etwas gut und etwas anderes besser sei? Am Ende einer jeden Sache. Darum sind wir in unserem Urteil nur dann Weise, wenn wir die Ereignisse unseres Lebens vom Ende und damit von der Ewigkeit her beurteilen. Ganz richtig lehrten daher die römischen Magister ihrer Zöglinge:

> »*Quidquid agis diligenter agas et respice finem* – Was immer du tust, tu's mit Fleiß und denk an das Ende.«

Das ist eine gute Regel für die Geschäfte dieses Lebens. Noch wichtiger ist es, das letzte Ende all unseres Tuns im Auge zu haben, wie der Psalmist betete:

> *»Tue mir kund, HERR, mein Ende!«* (Ps 39,5)

Das Ende des reichen Prassers und des armen Lazarus geben mir erst Auskunft darüber, wessen Teil der beiden das bessere war. Nicht die gegenwärtige Pracht Babylons, sondern ihr Ende zeigt mir ihr wahres Wesen (Offb 18,7.8). Nicht wer zuerst sagt: Herr, ich gehe in den Weinberg, und doch nicht geht, ist der gehorsame Sohn, sondern der Sohn, der wirklich geht, auch wenn er zuerst laut gesagt hatte: Ich gehe nicht (Mt 21,28-32).

1 Besser ein guter Name[50] als gutes Salböl, und der Tag des Todes als der Tag, da einer geboren wird.

»Ein guter Name« vergeht nicht; sein Wohlgeruch und seine Wirkung reichen über das Ende dieses eitlen Lebens hinaus. Einen solchen Namen erwirbt man sich aber erst nach Verlauf des ganzen Lebens. Am Ende hat einer einen guten oder einen schlechten Namen.

---

50 Sprüche 22,1

»Das Gedächtnis des Gerechten ist zum Segen, aber der Name der Gesetzlosen verwest« (Spr 10,7)

»Ein guter Name ist vorzüglicher als großer Reichtum, Anmut besser als Silber und Gold« (Spr 22,1)

Welcher Name ist so gut wie der Name, den Gott über jeden Namen gesetzt hat? Jesus Christus (Phil 2,9-11). Und welchen Namen zu kennen, könnte größeres Glück bedeuten? Dieser Name ist besser als gutes Salböl, denn der Duft und die Wirkung des Salböls verwehen; sein Name und was in seinem Namen getan worden ist, wird nie vergehen.

Warum ist **»der Tage des Todes«** wichtiger als der Tag der Geburt? Von den Gerechten sollen wir lernen, indem wir *»den Ausgang ihres Wandels«* anschauen (Hebr 13,7). Ihr Ausgang stellt ihren gesamten Wandel ins rechte Licht; denn manch einer hat einen vielversprechenden Anfang und Fortgang, aber ein böses Ende. Joabs letzte Taten und sein Tod (1Kö 1; 2) werfen ihr scharfes Licht auf sein ganzes Leben. Seine letzte Treulosigkeit lässt uns begreifen, dass sein gut aussehender Anfang und nützlicher Fortgang unter (oder meist neben) David so gut nicht waren. Was ihn trieb, war offensichtlich nicht nur Gottesfurcht, auch nicht bloße Liebe zum Gesalbten Gottes, sondern wohl auch ein gut Teil Eigenliebe und Ehrgeiz.

2 Besser, in das Haus der Trauer zu gehen, als in das Haus des Gelages zu gehen, indem jenes das Ende aller Menschen ist; und der Lebende nimmt es zu Herzen.

»Besser, in das Haus der Trauer zu gehen«: Gott ist nicht ein Feind der Freude; vielmehr fordert er die Seinigen im Alten wie im Neuen Testament wiederholt auf, sich zu freuen. Er will aber, dass wir uns *»vor ihm«* (5Mo 12,12) und *»in ihm«* (Phil 4,4) freuen und nicht, dass wir uns wie die Toren freuen und unser närrisches Lachen jäh verstummt, wenn wir plötzlich in die Grube fahren. Darum sollen wir zuerst traurig sein – denn wir haben allen Grund dazu –, damit wir ewig lachen können (Ps 126,1.5.6).

»indem jenes das Ende aller Menschen ist; und der Lebende nimmt es zu Herzen«: Hier sagt es Salomo offen: Das Entscheidende lernen wir, wenn wir das Ende begriffen haben. Mit seinem Ende tritt der Mensch aus der Zeit in die Ewigkeit. Diese allein lehrt uns den Wert oder besser gesagt, die Eitelkeit der Zeit zu erkennen:

> *»Tue mir kund, HERR, mein Ende... ja, eitel Hauch ist jeder Mensch, der dasteht... Und nun, auf was harre ich, Herr? Meine Hoffnung ist auf dich«* (Ps 39,5-8)
>
> *»Die Tage unsere Jahre... ihr Stolz ist Mühsal und Nichtigkeit... So lehre uns denn zählen unsere Tage, auf dass wir ein weises Herz erlangen!«* (Ps 90,10.12).

3 Besser Bekümmernis als Lachen; denn bei traurigem Angesicht geht es dem Herzen gut.

»Bekümmernis«: Der Sünder, der seine eitle Spur durch eine vergängliche Welt zieht, tut gut daran, alles Ruhmredige und Selbstsichere abzulegen und sich vor dem ewigen Gott zu demütigen und ihm seine unzählbaren Torheiten und Bosheiten zu klagen (Jak 5,1) und die Vergebung von Dem zu erflehen, Den er durch sein Tun dauernd gereizt hat.

4 Das Herz der Weisen ist im Hause der Trauer und das Herz der Toren im Hause der Freude.

»Das Herz der Weisen ist im Hause der Trauer«: Sagte nicht der Sohn Gottes soviel? *»Glückselig die Trauernden, denn sie werden getröstet werden«* (Mt 5,4). Hingegen rief er ein Wehe aus über die, die jetzt lachen, *»denn ihr werdet trauern und weinen«* (Lk 6,25). Und bestätigte nicht sein Knecht Jakobus die Weisung seines Meisters: *»Seid niedergebeugt, und trauert und weinet; euer Lachen verwandle sich in Traurigkeit und eure Freude in Niedergeschlagenheit«* (Jak 4,9; siehe auch 5,1)

5 Besser, das Schelten der Weisen zu hören, als dass einer den Gesang der Toren hört.

»Das Schelten der Weisen«: Besser heilsame Schelte als einschmeichelnde Lobeshymnen; denn besser hier gedemütigt und danach erhöht, als hier erhöht und am Ende niedergeworfen werden. Darum schalt der Herr die Menschen immer wieder. Er schalt die Städte, in denen die meisten Wunderwerke geschehen waren (Mt 11,20), er schalt den Unglauben der Jünger (Mk 16,14), er schalt den Formalismus der Pharisäer (Mt 23,13-39). Die Jünger nahmen die Schelte an und demütigten sich. Sie begaben sich ins *»Haus der Trauer«*. Die Pharisäer nahmen die Schelte nicht an, sondern zogen es vor, den Herrn zu höhnen. Am Tag der Kreuzigung waren sie *»im Haus der Freude«* (Mt 27,39-44), und *»der Gesang der Toren«* ertönte in Jerusalem (siehe Ps 69,13).

Warum das? Der sündigen Natur ist Schelte ein Greuel und Lob eine Wonne. Und sie ist lieber im Haus der Lustbarkeiten als im Haus der Trauer.

> »Das Verlangen des Menschen nach Zerstreuung ist fast grenzenlos.«

Das sagte Aldous Huxley und schrieb einen schauerlichen Roman (»Schöne neue Welt«), der zeigt, wohin eine Menschheit absinkt, die diesem Verlangen folgt. Wer der närrischen Neigung nach immerwährender Belustigung nachgibt und darin verharrt, wird am Ende vom Fleisch Verderben ernten. Der Geist Gottes, der uns Besseres lehren will, als unsere finsteren Herzen begehren, beginnt sein gesegnetes Werk mit einer Herz und Gemüt aufrührenden Schelte:

> *»Und wenn er gekommen ist, wird er die Welt überführen von Sünde und von Gerechtigkeit und von Gericht. Von Sünde, weil sie nicht an mich glauben; von Gerechtigkeit aber, weil ich zu meinem Vater gehe, und ihr mich nicht mehr sehet; von Gericht aber, weil der Fürst dieser Welt gerichtet ist«* (Joh 16,8-11).

Gottes Geist schilt uns; er schilt uns Sünder und stellt uns das verdiente Gericht vor Augen. Glückselig sind wir, wenn wir die Schelte annehmen; Jämmerliche und Verfluchte, wenn wir sie wie Felix und Drusilla verwerfen:

> *»Nach etlichen Tagen aber kam Felix mit Drusilla, seinem Weibe, die eine Jüdin war, herbei und ließ den Paulus holen und hörte ihn über den Glauben an Christum. Als er aber über Gerechtigkeit und Enthaltsamkeit und das kommende Gericht redete, wurde Felix mit Furcht erfüllt und antwortete: Für jetzt gehe hin; wenn ich aber gelegene Zeit habe, werde ich dich rufen lassen«* (Apg 24,24.25).

6 Denn wie das Geknister der Dornen unter dem Topfe, so das Lachen des Toren. Auch das ist Eitelkeit.

Das Geknister der Dornen ist ein lautes und kurzlebiges Feuer, so ist auch das Lachen der Toren. Es ist laut und brüsk und verstummt in der Finsternis so plötzlich, wie es ausgebrochen war.

7 Denn die Erpressung macht den Weisen toll, und das Bestechungsgeschenk[51] richtet das Herz zu Grunde.

Erpressung und Bestechung sind Mittel bzw. Lohn der Sünder in einer Welt der Sünde. Kurzsichtig ist alles dazugehörige Tun; denn beides wird vergehen, wenn der Herr kommt. Der Reichtum wird verfaulen, die Kleider werden die Motten fressen, und das Silber und Gold, das der Bedrücker sich aufgehäuft, schreit zum Himmel um Rache (vgl. Jak 5,2-5). Aber der Weise lasse sich warnen: Manch ein Gerechter ist durch Bestechung verdorben und, durch Machtfülle verleitet, ein Bedrücker und Auspresser der Armen geworden. Warum sollten ausgerechnet wir davor gefeit sein?

8 Besser das Ende einer Sache als ihr Anfang; besser der Langmütige[52] als der Hochmütige.

»Besser das Ende einer Sache als ihr Anfang«: Der Weise sieht, wie die Mächtigen die Armen drücken und die Richter sich durch Bestechung blenden lassen. Dieser Anblick müsste sogar **»den Weisen toll«** machen (V.7), sähe er nicht das Ende dieser Zeit; hätte er nicht im Glauben den Blick auf den Tag des Menschensohnes gerichtet, wie er kommen und auf dem Throne seiner Herrlichkeit sitzen und die Geringen in Gerechtigkeit richten und den Demütigen des Landes in Geradheit Recht sprechen wird (Jes 11,4). Erst dann, aber dann gewiss wird *»zur Gerechtigkeit zurückkehren das Gericht«* (Ps 94,15).

Besser das Ende als der Anfang: Diese Maxime lässt sich nicht allein auf das Ende der Zeit, sondern auch auf das Ende eines jedes Menschen anwenden. Manch einer hat gut angefangen, sich im Land ausgebreitet, aber ist von Gott in seinem Zorn hinweggerafft worden (Ps 37,35.36). Der Mann des Friedens aber, der seiner

51 Sprüche 17,23

52 Sprüche 20,21

Sanftmut und Gerechtigkeit wegen von diesem gedrückt wurde, wird ein gutes Ende haben (Ps 37,37). Und mancher hat einen verheißungsvollen Anfang gemacht im Christenleben; hat *»das Wort mit Freuden«* aufgenommen (Mt 13,20), um danach abzufallen und ein um so schlimmeres Ende zu haben: *»Sein Ende ist die Verbrennung«* (Hebr 6,8).

»besser der Langmütige als der Hochmütige«: Der Langmütige harrt geduldig auf das Ende; darin ist er **»besser«** als der Hochmütige, der das Ende vergisst und darum selbstsicher auftritt, als sei kein Gott, als sei kein Ende dieses Tages der Sünder und als komme der Tag Gottes nicht. Der Langmütige ist auch besser dran als der Hochmütige; denn sein gutes Ende macht seine Sache gut, auch wenn er hier unter widerwärtigen Umständen ausharren musste.

9 Sei nicht vorschnell in deinem Geiste zum Unwillen, denn der Unwille ruht im Busen der Toren.

Der Tor, der von einem kommenden Tag des Herrn nichts wissen will, ist vorschnell zum Unwillen. Er lässt immer wieder seinen ganzen Unmut herausfahren, während der Weise ihn zurückhält (Spr 29,11).

Der Tor muss auch unwillig werden, weil er in *diesem* Leben zu seinem Recht und zu seinem Teil kommen muss, hat er doch jeden Gedanken an die Ewigkeit aus seinem Denken getilgt. Der Gottesfürchtige kann mit Langmut ausharren, bis der Tag des Herrn anbricht, weil er weiß, dass er das Krumme dieser Welt nicht gerade machen kann. Daher regt er sich nicht immer über alles auf. Und er weiß zudem, dass Gott auch jetzt von seinem himmlischen Thron aus alles in vollkommener Weisheit und Gerechtigkeit lenkt und dass das alles am Ende offenbar werden wird.

e) Das Leben nach der Beurteilung des Weisen (7,10-12)

Viermal wird in diesem Abschnitt das Wort Weisheit gebraucht. Es ist jedesmal die Weisheit zur Errettung gemeint, die Weisheit, die ihren Anfang in der Gottesfurcht genommen hat.

10 Sprich nicht: Wie ist es, dass die früheren Tage besser waren als diese? – Denn nicht aus Weisheit fragst du danach.

Der Weise hängt nicht den vermeintlich goldenen, aber leider verflossenen Zeiten nach, denn er will das Heute, das jedes Mal ein Tag des Heils und ein Tag guter Botschaft ist, nicht verschlafen:

> Mein sind die Jahre nicht, die mir die Zeit genommen;
> Mein sind die Jahre nicht, die etwa möchten kommen;
> Der Augenblick ist mein, und nehm ich den in acht,
> So ist der mein, der Jahr und Ewigkeit gemacht.
>
> (Andreas Gryphius, 1616-1664: Betrachtung der Zeit)

Daher sagt der Apostel von sich, dass er das vergesse, was dahinten, und sich jetzt nach dem ausstrecke, was oben ist (Phil 3,14), nach dem gegenwärtigen Herrn und seinen himmlischen Gütern. Heute nämlich legen wir den Grund für ein gutes Ende. Daher mahnte er:

> *»Siehe, jetzt ist die wohlangenehme Zeit, siehe, jetzt ist der Tag des Heils«* (2Kor 6,2).
>
> *»Heute, wenn ihr seine Stimme höret, verhärtet eure Herzen nicht!«* (Hebr 3,7.8).

Wenn wir heute nicht auf Gottes Stimme hören, werden wir ein schlimmes Ende haben. Zudem weiß der Weise: Mein Gott ist heute so gut wie gestern; darum ist das Heute genauso gut wie das Gestern. Er, der Herr, verändert sich nicht (Mal 3,6); er ist gestern, heute, in Ewigkeit derselbe (Hebr 13,8).

11-12 Weisheit ist gut wie ein Erbbesitz und ein Vorteil für die, welche die Sonne sehen. Denn im Schatten der Weisheit ist man ebenso im Schatten des Geldes; aber der Vorzug der Erkenntnis ist dieser: die Weisheit gibt ihren Besitzern das Leben[53].

Auch hier ist wie in V.10 die göttliche Weisheit gemeint, nicht die bloße Klugheit oder Lebenstüchtigkeit. Solche **»Weisheit ist gut wie ein Erbbesitz«**, und sie wird auch so erlangt wie ein Erbe: Wir können sie uns weder verdienen noch erarbeiten. Sie muss uns von oben gegeben werden; und Gott gibt sie willig einem jeden, der darum bittet (Jak 1,5). Warum ist sie **»ein Vorteil für die, welche**

---

53 Sprüche 3,16

die Sonne sehen«? Sie gibt ihm Schutz – das ist hier wie so oft im Hebräischen mit **»Schatten«** gemeint[54]; siehe Ps 91,1. Im Schatten ist aber auch **»wer Geld hat«**. Die Frage ist nur, wie lange. Der Schutz, den das Geld gewährt, ist eine unsichere Sache (1Tim 6,17). Wirklich gut ist nur jene Erkenntnis, die **»ihren Besitzern das Leben gibt«**. Welche Erkenntnis aber kann uns das ewige Leben geben, wenn nicht die Erkenntnis des Sohnes Gottes?

> *»Dies aber ist das ewige Leben, dass sie dich, den allein wahren Gott, und den du gesandt hast, Jesus Christus, erkennen«* (Joh 17,3).

f) Ergebnis (7,13-14)

13-14 Schaue das Werk Gottes an; denn wer kann gerade machen, was er gekrümmt hat? Am Tage der Wohlfahrt sei guter Dinge; aber am Tage des Unglücks bedenke: auch diesen wie jenen hat Gott gemacht[55], damit der Mensch nicht etwas finde, was nach ihm kommt.

Es ist weise, sich unter Gottes Fügen zu beugen; denn **»wer kann gerade machen, was Gott gekrümmt hat«**. Demütigen wir uns unter Gottes Hand, findet unser Herz Ruhe in Gott. Wer hat Gewalt über Wohlfahrt und Unglück? Gott allein. Er ist es, der den *Dies ater*, den Unglückstag, auf den *Dies fortunae*, den Tag des Glücks, folgen lässt. Nehmen wir das Glück aus seiner Hand, wollen wir auch das Unglück aus seiner Hand nehmen (Hi 2,10).

Gott hat es dem Menschen verwehrt zu wissen, was nach ihm sein wird. Das ist eine gnädige Vorkehrung des Schöpfers, denn wir ertrügen das Wissen um das, was morgen sein wird nicht. Danken wir Gott, dass wir es nicht wissen, wenn morgen unsere letzte Stunde schlagen soll. Danken wir ihm, dass er alle Versuche des Menschen, etwas **»nach sich«** zu ergründen, scheitern lässt (siehe 9,12).

Zudem dient diese Unwissenheit unserer Erziehung. Da wir weder Wissen noch Macht über kommende Ereignisse haben, sollen wir uns von dem abhängig machen, der alles regiert, das Maß unserer Tage zugemessen und den Tag unseres Todes in seinen

---

54 Entsprechend Louis Segond: *»Car à l'ombre de la sagesse on est abrité comme à l'ombre de l'argent; mais un avantage de la science, c'est que la sagesse fait vivre ceux qui la possèdent.«*

55 Jesaja 45,7

Büchern verzeichnet hat. Sich in blindem Vertrauen auf den zu werfen, der allein weiß, das ist der Schlüssel zum Glück in dieser eitlen Schöpfung.

> Es liegt in Deiner Hand,
> O Herr, was uns bekümmert hat;
> Führ' Du es aus nach Deinem weisen Rat.
> Dir haben wir's im Glauben übergeben,
> Der Du den Plan von unserm ganzen Leben
> Gezeichnet hast mit göttlichem Verstand:
> Es liegt in Deiner Hand.
>
> (Dora Rappard)

6. Vermessenheit und Bescheidenheit (7,15 - 8,15)

a) Die Gottesfurcht lehrt Selbstbescheidung (7,15-18)
b) Weise ist, wer sich selbst verurteilt (7,19-22)
c) Keiner hat Macht, weise zu werden (7,23-25)
d) Der gefallene Mensch in den Stricken der Sünde (7,26-29)
e) Der Weise fügt sich dem ihm Verfügten (8,1-9)
f) Die Furcht des HERRN ist zum Leben (8,10-14)
g) Ergebnis (8,15)

In diesem Teil des Buches finden sich eine ganze Reihe von Aussagen über den natürlichen Menschen. Welchen Stellenwert hat der Abschnitt innerhalb der Gesamtaussage des Buches? Wollen wir die Welt verstehen, müssen wir Gott kennen, wollen wir aber Gott erkennen, müssen wir auch uns selbst erkennen. Im ersten Satz des ersten Kapitels seiner *Institutio* sagt Calvin deshalb:

> »All unsere Weisheit umfasst im Grunde zweierlei: Die Erkenntnis Gottes und unsere Selbsterkenntnis. Diese beiden hängen vielfältig zusammen.«

Hier wird uns also gezeigt, wie unwissend, wie hilflos, wie sündig (7,20,26,29) und wie böse (8,9,11) der gefallene Mensch ist. Seine Hilflosigkeit zeigt sich besonders darin, dass er Gottes Gerechtigkeit in den Schicksalen einzelner Menschen nicht verstehen (7,15; 8,10,14), dass er Weisheit nicht erlangen (7,23,24) und von der Sünde nicht loskommen kann (7,26). Das Wissen, dass wir hierin wirklich nichts vermögen, soll uns Bescheidenheit lehren, so wie das Wissen um unsere Bosheit uns ins Selbstgericht bringen und uns lehren soll, dem zu vertrauen, der alles vermag und allein alles weiß, und dessen Wege gerecht sind, obgleich sie uns Gefallenen mit unserem verfinsterten Verstand ungerecht erscheinen mögen. Selbstgericht und Vertrauen auf Gott sind Merkmale der Gottesfurcht, des Anfangs aller Weisheit.

a) Die Gottesfurcht lehrt Selbstbescheidung (7,15-18)

Wir schmeicheln uns gerne unserer Qualitäten und suchen unsere Sünden zu entschuldigen. Wer Weisheit gefunden hat (Jak 1,5), wird zugeben, dass alle Sünden seine ureigensten Leistungen sind, und dass er als Sünder zu nichts Besserem fähig ist; dass umgekehrt alles Gute ausschließlich von Gott kommt (Jak 1,13-18).

15 Allerlei habe ich gesehen in den Tagen meiner Eitelkeit: da ist ein Gerechter, der bei seiner Gerechtigkeit umkommt, und da ist ein Gesetzloser, der bei seiner Bosheit seine Tage verlängert[56].

Die Ungerechtigkeit in der Zeit lenkt unsere Gedanken auf die Ewigkeit. Nur wenn ich das Gewicht der Ewigkeit in die Waagschale werfe, erkenne ich, dass die vordergründige Ungerechtigkeit in den irdischen Geschicken Gottes Gerechtigkeit in keiner Weise widerspricht.

Da kommt **»ein Gerechter... bei seiner Gerechtigkeit um«**, wie der noch jugendliche (2Chr 34,1f) und in allem vorbildliche König Josia (2Kö 23,25,29). Und da ist **»ein Gesetzloser, der bei seiner Bosheit die Tage verlängert«**, wie Josias Großvater, der sprichtwörtliche Greuelkönig Manasse. Er regierte länger als jeder andere König in Juda und Israel (2Kö 21,1). Diese Einsicht hat Salomo zweierlei gelehrt: Unser Urteil über Gerechtigkeit und Gesetzlosigkeit ist nicht verlässlich. Denn wer weiß, ob der Mann, den ich als Gerechten einschätzte, auch wirklich gerecht war? Und zweitens lehrt mich diese Einsicht, dass der Gerechte mit all seiner Gerech-

56 Hiob 21,7

tigkeit bei Gott keine Ansprüche geltend machen kann. Er hat nicht etwa ein längeres Leben, überhaupt das Leben verdient, weil er gerecht ist. Denkt er so, ist er ohnehin ein Selbstgerechter und damit ein Gottloser, der unter Gottes gerechtem Zorn steht. Und ist er wirklich ein Gerechter, dann weiß er, dass er nicht aus sich heraus ein Gerechter ist, sondern dass ihn Gott in seiner unbegreiflichen Gnade zum Gerechten gemacht hat; und dann weiß er ferner, dass Gott ihn seiner tausend Sünden wegen, die er beging, ehe Gott ihn in seiner Gnade zum Gerechten machte, längst und verdienterweise in die unterste Hölle hätte werfen müssen. Und schließlich lehrt uns die hier gemachte Beobachtung, wie hilflos wir sind angesichts der Regierungswege Gottes. Wir können sie nicht verstehen.

Weil der Sünder sie nicht verstehen kann, antwortet er auf seine Beobachtungen auf eine der folgenden Weisen: Einer wird hemmungslos, das, was der Engländer *reckless* nennt.[57] Ein anderer bildet sich etwas auf seine eigene Gerechtigkeit ein, indem er vielsagend zu verstehen gibt, es habe seine Ursachen, warum einer jung gestorben und er schon alt geworden sei. Vor diesen beiden verkehrten Schlussfolgerungen warnt uns Salomo im Folgenden:

16 Sei nicht allzu gerecht, und erzeige dich nicht übermäßig weise: warum willst du dich verderben?

»Sei nicht allzu gerecht«: Gemeint ist: Wolle nicht allzu gerecht sein, sei nicht allzu gerecht in Deinen eigenen Augen. Die von Gott dem Glaubenden geschenkte Gerechtigkeit oder die daraus folgende Gerechtigkeit im Wandel kann hier nicht gemeint sein; denn diese kennt keine Grade. Entweder ist einer gerecht oder er ist es nicht. Ein »allzu gerechter« kann darum nur einer sein, der sich für gerechter hält als er ist.

Salomo hat festgestellt, dass ein Gerechter bei all seiner Gerechtigkeit umkommt, während der Gesetzlose in seiner Bosheit fröhlich weiterlebt und alt wird. Solches lässt Gott geschehen, *»wegen der Menschenkinder, damit Gott sie prüfe«* (3,18; siehe dort). Diese Beobachtung wird Salomo zum Anlass einer doppelten Warnung: Wenn du dich für noch so gerecht hältst und dich noch so weise ge-

---

57 Churchill antwortete auf die Frage nach dem Geheimnis seines hohen Alters und seiner außergewöhnlichen Vitalität: »*Drinks, cigars and no sports* - Trinken, Rauchen und kein Sport.«

58 Hebr. *'al titchakkam* joter: »tue nicht weise über sehr«.

bärdest[58], so wirst du doch dem Verderben nicht entrinnen. Wenn Leute hinweggerafft werden, die zu Recht gerecht heißen (V.15), welchen Grund hat dann der Selbstgerechte, sich sicher zu wähnen? Wenn jene, auf die der Turm Siloas fiel und sie erschlug, keine größeren Sünder waren als andere, sondern an ihrem Tag umkamen, wie ein jedes Kind Adams an seinem Tag in seinen Sünden umkommen muss, dann sind wir gut beraten, wenn wir Buße tun über unsere verborgenen Sünden, um nicht im Gericht Gottes zu verderben (Lk 13,1-5).

17 Sei nicht allzu gesetzlos, und sei nicht töricht: warum willst du sterben, ehe deine Zeit da ist[59]?

»Sei nicht allzu gesetzlos«: Und wenn die Gesetzlosen sehen, dass da Leute sind, die Gott versucht haben und entronnen sind (Mal 3,15), dann sollen sie deswegen nicht meinen, es sei ja dann nur klug, seinen bösen Neigungen und verderblichen Lüsten die Zügel zu schießen; von einem gerechten Gericht könne doch nicht die Rede sein, wenn die Gotteslästerer sich in Seide kleiden und die Büßer in Lumpen gehen. Das meinte offensichtlich Oscar Wilde:

> »Jede Versuchung ist dazu da, dass man ihr nachgibt, denn wer weiß, ob sie sich ein zweites Mal einstellt?«

Doch, es wird ein Gericht sein; und wenn du drauflos lebst, als sei kein Richter und kein kommendes Gericht, wirst du nur dich selbst vor der Zeit umbringen. Schau den Säufer an, den Hurer und den Spieler! Willst du ein Wrack werden wie er und frühzeitig einbrechen und vor der Zeit dahinfahren?

»Warum willst du sterben, ehe deine Zeit da ist?«: Unsere Lebensspanne ist von Gott verordnet (Hi 14,5). Wir können sie durch Sorgen nicht verlängern (Mt 6,27). Und doch sagt uns 2Mo 20,12, dass wir lange im Lande leben werden, wenn wir Vater und Mutter ehren, und verheißt uns Spr 3,2, dass der Gehorsam gegenüber Gottes Geboten unser Leben verlängert. Und hier vernehmen wir, dass wir unser Leben verkürzen, wenn wir allzu gesetzlos sind. Wie lässt sich diese widersprüchlich scheinende Aussage erklären? Gott verordnet in seiner Gnade unser Leben und verkürzt im Voraus-

59 Sprüche 10,27b

wissen um unsere Gesetzlosigkeit dessen Länge. Sterben wir früher als wir müssten, dann haben wir das selbst verschuldet. Leben wir lange, dann verdanken wir es seiner freien Gnade.

18 Es ist gut, dass du an diesem festhältst und auch von jenem deine Hand nicht abziehst; denn der Gottesfürchtige entgeht dem allen.

Es ist nur gut für dich, dass du **»an diesem festhältst«**, nämlich am Rat von V. 17, lass die Zügel nicht schießen und stürze dich nicht kopflos und übermütig in jede Sünde. Und es ist gut für dich, dass du **»auch von jenem deine Hand nicht abziehst«**, nämlich vom Rat von V.16, sei nicht selbstgerecht und halte dich nicht für so weise; **»denn der Gottesfürchtige entgeht dem allen«**. Fürchte Gott, dann wirst du dich weder am ersten noch am zweiten Rat versündigen, und du wirst nicht umkommen, sondern leben. Fürchtest du nämlich Gott, kannst du weder selbstgerecht noch übermütig werden, sondern wirst erkennen, dass Gott allein gerecht ist und dass er ein Rächer unserer Missetaten ist – es sei denn, wir finden durch Buße und Glauben Vergebung bei ihm.

»Bei dir ist Vergebung, damit du gefürchtet werdest« (Ps 130,4).

b) Weise ist, wer sich selbst verurteilt (7,19-22)

Die Lehre dieses Abschnitts wiederholt sich in Römer Kapitel 1 und 2. Hier wie dort lerne ich: Ich bin böse; sodann werde ich gewiesen, nicht zu hurtig die Sünden anderer zu verurteilen, da ich damit nur mich selbst verurteile, habe ich sie doch allesamt selbst auch begangen.

19 Die Weisheit macht den Weisen stärker als zehn Machthaber, die in der Stadt sind.

Salomo hat eben gesagt, dass die Weisheit mehr wert ist als aller Besitz (7,11); hier fährt er fort und sagt, **»die Weisheit macht den Weisen stärker als zehn Machthaber«**, das heißt, stärker als alle menschliche Macht. Wenn die Weisheit so wertvoll ist, wie kann ich sie dann finden? Durch Gottesfurcht, wie wir wissen und uns eben noch einmal gesagt worden ist (V.18).

20 Denn unter den Menschen ist kein Gerechter auf Erden, der Gutes tue und nicht sündige.
21 Auch richte dein Herz nicht auf alle Worte, die man redet, damit du nicht deinen Knecht dir fluchen hörst;
22 denn auch viele Male, dein Herz weiß es, hast auch du anderen geflucht.

»unter den Menschen kein Gerechter auf Erden«: Es ist sehr bemerkenswert, dass Salomo dieses Bekenntnis wörtlich aussprach bei der Einweihung des Tempels in Jerusalem (1Kö 8,46). Damals hatte Salomo Gott gefürchtet; jetzt hat er wieder gelernt, ihn zu fürchten; denn nur wer Gott fürchtet, lernt, sich selbst zu verurteilen, indem er bekennt, dass **»unter den Menschen kein Gerechter auf Erden«** ist (Ps 14,2,3; Röm 3,10-12). Wenn das stimmt, bin auch ich ein Ungerechter. Darum tue ich gut daran, mein Herz **»nicht auf alle Worte, die man redet«** zu richten, das heißt, mich nicht über die bösen Worte zu empören, die mein *»Knecht«* über mich[60] oder andere geredet haben mag (vgl. Mt 7,1-5); denn ich selbst habe unzählige Male mit meinen Lippen gesündigt, habe **»anderen geflucht«** oder abfällig über sie geredet, also genau diese Sünden selbst begangen, die ich verurteile. Ja, so Gott mir nicht gnädig ist, begehe ich sie noch (vgl. Röm 2,1).

> »Von der Welt, wie sie ist, leben sie; von der Welt, wie sie sein sollte, nehmen sie die Maßstäbe, die Welt zu verurteilen, von der sie leben.« (Friedrich Dürrenmatt)

> »Das Höchste, wozu sich ein schwacher Kopf von Erfahrung erheben kann, ist die Fertigkeit, die Schwächen besserer Menschen auszufinden« (Georg Christoph Lichtenberg, 1742-1799)

c) Keiner hat Macht, weise zu werden (7,23-25)

Die Lehre dieses Abschnittes findet sich wie der vorhergehende wiederum im Römerbrief, nämlich in Kapitel 3. Ich bin unfähig zum Guten. Ich habe nicht die Macht, mich weise zu machen zur Errettung. Darum muss ich mir die Weisheit von Gott erbeten (Jak 1,5).

---

60 Und wenn du vernimmst, dass andere dich einen Lump geschimpft haben, trag's mit Fassung: Es ist mir in meinem Leben so viel unverdiente Ehre angetan worden, dass ich mir wohl einmal etwas unverdiente Blame gefallen lassen kann« (Georg Christoph Lichtenberg)

23 Das alles habe ich mit Weisheit geprüft. Ich sprach: Ich will weise werden; aber sie blieb fern von mir.
24 Fern ist das, was ist, und tief, tief: wer kann es erreichen? –

»Ich will weise werden, aber sie blieb fern von mir«: In 2,9 hatte Salomo gesagt: *»Auch meine Weisheit verblieb mir.«* Er widerspricht sich nicht, wenn er hier sagt, die Weisheit sei fern von ihm geblieben, denn er redet hier nicht vom menschlichen Wissen und menschlicher Bildung wie in Kap 2, sondern von göttlicher Weisheit, vom Vermögen, Gott und sein Heil zu erkennen, zu ergreifen und darin zu leben. Der Mensch hat nicht die Fähigkeit, diese Weisheit zu erwerben. Gott muss sie ihm geben: *»Der HERR gibt Weisheit«* (Spr 2,6). Unsere Augen sind blind, unsere Ohren taub. Wir können uns nicht selbst sehend und hörend machen: *»Das hörende Ohr und das sehende Auge, der HERR hat sie alle beide gemacht«* (Spr 20,12).

»Fern ist das, was ist«: Das hebräische *ma schĕhajah* müsste zunächst mit »das, was gewesen ist« übersetzt werden. Das, was verflossen ist, ist uns bereits sehr fern. Wenn aber das Gewesene dem Menschen schon unergründbar ist, wieviel mehr das Kommende (vgl. 2,12; 9,1.12; 10,14)! So sind wir nicht nur ungerecht, sondern auch unfähig; wir sind nicht nur böse, sondern auch blind wie die Maulwürfe.

25 Ich wandte mich, und mein Herz ging darauf aus, Weisheit und ein richtiges Urteil zu erkennen und zu erkunden und zu suchen und zu erkennen, dass die Gesetzlosigkeit Torheit ist, und die Narrheit Tollheit.

Es ist ein guter Vorsatz: Der Mensch nimmt sich vor, **»zu suchen und zu erkennen«** wie groß die Torheit der Sünde ist. Dann aber muss er erkennen, dass er diesen Gegenstand nicht als ein Unbeteiligter beobachten und beschreiben kann. Er ist ja ein Gefangener der Sünde. Davon handelt der nächste Abschnitt.

d) Der gefallene Mensch in den Stricken der Sünde (7,26-29)

Der Mensch ist nicht allein unfähig, das Gute – d.i. die Weisheit – zu finden, sondern er ist auch an das Böse gekettet. Seine sündige Natur drängt zum Bösen, das er lustvoll sucht, das ihn aber in den Tod und in die ewige Nacht zieht. Weil er selbst ein Gesetzloser ist, kann er nicht als ein Unbeteiligter über die Gesetzlosigkeit befinden. Weil er durch die Sünde böse geworden ist, kann er nicht einfach das Böse vom Guten unterscheiden, um dann das Gute zu wählen. Er hat die Freiheit dazu seit dem Sündenfall verspielt.[61] Das Licht ist in die Welt gekommen, aber die Menschen lieben die Finsternis mehr als das Licht (Joh 3,19). Wir besitzen seit Jahrhunderten das Wort Gottes in unserer Muttersprache, aber wir lesen es nicht. Wie kommt das? Es gibt keine andere Erklärung dafür, als dass wir die Lüge mehr lieben als die Wahrheit.[62]

Da es die Frau war, die von der Schlange betrogen wurde, und Adam sich von ihr zur Sünde verleiten ließ, ist sie hier die passende Metapher für die unwiderstehliche Macht der Versuchung zur Sünde.

26 Und ich fand, was bitterer ist als der Tod: das Weib, welches Netzen gleicht, und dessen Herz Fanggarne, dessen Hände Fesseln sind. Wer Gott wohlgefällig ist, wird ihr entrinnen; aber der Sünder wird durch sie gefangen werden.

Salomo sagt hier durchaus nicht, die Frau als solche sei **»bitterer als der Tod«**, sondern nur die böse, die ehebrecherische Frau ist es. Wie hätte er sonst in 9,9 den Rat geben können: *»Genieße das Leben mit deiner Frau alle Tage deines eitlen Lebens ...«*? Und wie

---

61 John Nelson Darby schrieb in einem Brief: »Dieses neuerliche Aufbrechen der Lehre vom freien Willen unterstützt die Anmaßung des natürlichen Menschen, er sei nicht ganz und gar verloren; denn darauf läuft eine solche Lehre letztlich hinaus. Alle, die der Sünde nie wirklich tief überführt worden sind ... glauben mehr oder weniger an den freien Willen ... aber das verändert den ganzen Gedanken des Christentums vollständig, und es pervertiert es gänzlich. Wenn Christus gekommen ist zu retten, was verloren ist, dann hat freier Wille keinen Platz mehr. Nicht, dass Gott jemanden daran hinderte, Christus aufzunehmen - alles andere als das. Aber selbst wenn Gott alle denkbaren Beweggründe einsetzt, um das Herz des Menschen zu bewegen, so dient das nur dem Beweis, dass der Mensch von alledem nichts haben will, dass sein Herz so verderbt ist, und dass sein Wille so entschlossen ist, sich Gott nicht zu unterwerfen, dass nichts ihn dazu veranlassen kann, den Herrn aufzunehmen und die Sünde zu lassen ... Und hier nähern wir uns dem Grund der Frage: Ist es der alte Mensch, der verändert, unterwiesen und geheiligt wird? Oder empfangen wir, um errettet zu werden, eine neue Natur? ... Der Arminianismus oder besser: Pelagianismus behauptet, der Mensch könne wählen, und dass der alte Mensch durch das, was er gewählt hat, verbessert werde. Der erste Schritt wird ohne Gnade gemacht, und es ist der erste Schritt, der in diesem Fall wirklich zählt.« (Elberfeld, 23. Oktober 1861)

62 Allüberall findt man jetz feil / die Schriften für der Seelen Heil / in großer Jahr. Es wundert mich / dass kein mensch dadurch bessert sich! / Ja, Schrift und Lehr sind gar veracht't, / es lebt die Welt in finstrer Nacht / und will in Sünden blind beharren ... (Sebastian Brant, 1458-1521: Das Narrenschiff)

hätte er im Buch der Sprüche lehren können: *»Wer eine Frau gefunden, hat Gutes gefunden und hat Wohlgefallen erlangt von dem HERRN«* (Spr 18,22). Daher übersetzt Luther ganz richtig: »... und fand, dass bitterer sei denn der Tod ein solches Weib, dessen Herz Netz und Strick ist und deren Hände Bande sind.«

Hier wie im Buch der Sprüche ist mit der ehebrecherischen Frau darüber hinaus die Verführung zur Sünde allgemein gemeint. Diese ist wie ein Netz, ihre Hände sind wie Fesseln, die den Toren an die Lust und an den Tod ketten (Spr 7,22; 22,14; 23,27). Salomo ist die Sklaverei der Sünde bitter geworden; sie musste ihm bitter werden, wie den Kindern Israel in Ägypten die Sklaverei bitter werden musste (2Mo 1,14). Keiner streckt sich vorher nach Errettung und dem Retter aus (2Mo 2,23):

> *»Christ ist not sweet till sin be made bitter to us* – Christus wird uns nicht süß, ehe uns die Sünde bitter geworden ist.« (John Flavel)

»Wer Gott wohlgefällig ist, wird ihr entrinnen.«[63] Wie aber können wir Gott gefallen? Wir können ihm nicht gefallen, außer in Christus. Auf ihm ruht Gottes Wohlgefallen. Darum müssen wir um alles in Welt zusehen, dass wir *»in Christus«* sind. Aber **»der Sünder wird durch sie gefangen werden«**. Der Mensch, der sich Gottes Willen widersetzt und den Gott in der Folge seinem eigenen Willen und den Gelüsten seines Herzen und überlässt, wird hilflos zur Sünde und zur Unreinheit gezogen (Röm 1,24.26).

27 Siehe, dieses habe ich gefunden, spricht der Prediger, indem ich eines zum anderen fügte, um ein richtiges Urteil zu finden:
28 Was meine Seele fort und fort gesucht und ich nicht gefunden habe, ist dies: einen Mann aus Tausenden[64] habe ich gefunden, aber ein Weib unter diesen allen habe ich nicht gefunden[65].

---

63 Das Hebräische macht es noch deutlicher, dass es an Gottes Wohlwollen liegt, dass einer davonkommt: »Tôb lifnê ha-‘ælohîm jimmalêt mimmænnah - Wer dem HERRN gefällt, der wird von ihr entrinnen.« Das bedeutet, dass es am Herrn liegt, ob er jemanden mit Wohlgefallen ansieht oder nicht. Die Wendung ist exakt identisch mit 4. Mose 36,6: »Sie sollen denen zu Ehefrauen werden, die Gefallen an ihnen finden.« Der Mann, der Gefallen findet an einer Frau, nimmt diese zur Frau. Das im Mann allein begründete Wohlgefallen an einer bestimmten Frau gibt den Ausschlag.

64 Hiob 33,23

65 Sprüche 31,10

»Siehe, dieses habe ich gefunden ... und was ich nicht gefunden habe ...«: Zuerst nennt Salomo das, was er bei seinem Suchen gefunden hatte: die von ihm eben erwähnte Sündhaftigkeit des Menschen. Dann redet er von dem, was er nicht gefunden hat: Er hat keinen einzigen Sündlosen gefunden.

Aber **»einen Mann aus Tausenden«** hatte Salomo gefunden. Dieser eine Mann ist der Messias. Er ist der einzige Vollkommene, der je diesen Erdboden betreten hat. Aber dann fährt Salomo fort und sagt **»ein Weib unter diesen allen«** habe er nicht gefunden. Damit sagt er nicht, der Mann sei besser als die Frau; er spricht lediglich von seiner Erfahrung. All die tausend Frauen, die er sich in seiner Maßlosigkeit genommen hatte, konnten ihm nichts Gutes bescheren; denn unter ihnen fand er nicht eine Frau, die der von ihm in Sprüche 31 beschriebenen tugendhaften Frau geglichen hätte. Wie bitter muss diese Einsicht dem Salomo gewesen sein! Wie groß war seine Sünde, wie schrecklich seine Torheit vor Gott gewesen, statt von Gottes Ruf sich von seinen Lüsten ziehen zu lassen!

Wenn es unter allen Frauen nicht eine vollkommene Frau gibt, dann kann es natürlich auch keinen einzigen vollkommenen Mann geben; denn *»der Mann ist durch die Frau«* (1Kor 11,12). Und«wie sollte ein Reiner aus einem Unreinen kommen?« (Hi 14,4), wie sollte ein Mann sündlos sein, wenn er *»in Ungerechtigkeit geboren«* und seine Mutter ihn *»in Sünde empfangen«* hat (Ps 51,7)?

29 Allein, siehe, dieses habe ich gefunden, dass Gott den Menschen aufrichtig geschaffen hat; sie aber haben viele Ränke gesucht.

Hier geht Salomo zur Wurzel aller Torheit des Menschen zurück: Er hat durch den Sündenfall eine sündige, zum Bösen drängende Natur bekommen. Gott schuf ihn gerade, die Sünde machte den Menschen krumm (vgl. 1,15). Seit Adams Fall sind alle seine Nachkommen Sünder (siehe V.28) und als Sünder verdreht (Phil 2,15). Dreimal sagt Paulus in Römer 1, der Mensch habe etwas *»verwandelt«*, oder eben: verkehrt, auf den Kopf gestellt (V. 23, 25, 26). Er verwirft das Gute und wählt das Böse. Was in seinen Augen begehrenswert ist, ist Gott ein Greuel. Der Herr sagt den religiösen Führern seiner Zeit: *»Was unter den Menschen hoch ist, ist ein Greuel vor Gott«* (Lk 16,15).

»Es gibt zwei große uns bestimmende Zuneigungen: Liebe und Hass; die Liebe lässt uns etwas begehren, der Hass etwas abweisen. Das große Werk der Gnade ist nun, diese beiden mit dem jeweils rechten Gegenstand zu verbinden. Könnten wir nur unsere Liebe und unseren Hass auf das ihm Zustehende ausrichten, würden wir im geistlichen Leben gut gedeihen. Der gefallene Mensch ist ein Anagramm (= Verkehrung) des Menschen in Unschuld: Wir besitzen noch die gleichen Zuneigungen, aber sie sind versetzt; wir lieben, wo wir hassen sollten, und wir hassen, wo wir lieben sollten.« (Thomas Manton, Psalm 119).

Kapitel 8

e) Der Weise fügt sich dem ihm Verfügten (8,1-9)

Zur Weisheit gehört, dass wir uns auch unter die von Gott eingesetzten Regierungen beugen, wenngleich eine von Menschen verwaltete Regierung notwendigerweise unvollkommen, oft ungerecht und willkürlich ist. Der Tor lehnt sich gegen das von Gott Geschickte auf; der Weise schickt sich in das von Gott Verfügte.

1 Wer ist wie der Weise[66], und wer versteht die Deutung der Dinge? Die Weisheit des Menschen erleuchtet sein Angesicht, und der Trotz[67] seines Angesichts wird verwandelt.

»Wer ist weise?«: Eine gute Frage, die hier die Selbstbescheidung zum Ausdruck bringt, wie sie dem Weisen eignet. Der Fragende bekennt damit, dass er sich der Torheit und der Anfälligkeit zum Bösen bewusst ist, die er in den vorangegangenen Versen so lebendig beschrieben hat.

»Wer versteht die Deutung der Dinge?«: Wer hätte so viel Verstand, dass er **»die Dinge«**, die Geschehnisse und Phänomene dieses rätselhaften Lebens, zu deuten wüsste? Der Weise weiß, dass er keinen so großen Verstand hat. Diese Bescheidenheit ist das erste Merkmal seiner Weisheit; sodann weiß er um den Wert der Weisheit:

---

66 Jakobus 3,13

67 Sprüche 21,29

»Die Weisheit des Menschen erleuchtet sein Angesicht, und der Trotz seines Angesichts wird verwandelt«: Der Weise weiß, dass nicht Intelligenz, Schlauheit oder Besitz sein Angesicht hell machen, sondern die Weisheit, die nicht bei ihm, sondern bei Gott ist. Und er weiß auch, dass seine Weisheit nur darin liegen kann, sich in Gottes Ordnungen zu fügen, sich den von Gott gefügten Verhältnissen und Umständen zu beugen:

2 Ich sage: Habe acht auf den Befehl des Königs, und zwar wegen des Eides Gottes.

»Habe acht auf den Befehl des Königs«: Es ist Torheit, sich über wirkliche oder vermeintliche Ungerechtigkeit oder Mängel des Königs zu ereifern und sich deshalb dem König zu widersetzen. Es ist Torheit, erstens weil der König stärker ist als du, und es ist zweitens Torheit, weil es Sünde gegen Gott ist, der den König auf den Thron gehoben hat. Es ist nicht in unser Belieben gestellt, ob wir der Regierung gehorchen wollen; Gott hat uns den Gehorsam befohlen (Röm 13,1), außer wenn die Regenten von den Regierten Gottloses fordern. Dann müssen wir wie Daniels Freunde vor dem goldenen Standbild den Befehl des Machthabers verweigern (Dan 3); denn wir müssen allezeit Gott mehr gehorchen als den Menschen (Apg 5,29).

»Und zwar wegen der Eide Gottes«: Das kann zweierlei bedeuten: Wir haben uns mit unserem Glaubensbekenntnis Gott und seinem Wort verpflichtet. Wir haben damit einen »Eid Gottes« geleistet; und dieses sein Wort befiehlt mir, dem König ergeben zu sein (1Petr 2,13-16). Wie dürfte ich da gegen den König reden und mich ihm widersetzen, weil mir eine von ihm gegebene Verordnung nicht behagen mag? Oder der Eid bezieht sich auf den im Namen Gottes abgelegten Treueid auf den König. Einen solchen mussten die Bewohner Jerusalems auch einem heidnischen König gegenüber einhalten; und als sie ihn aus irregeführtem religiösem Eifer – oder vorgewandtem Eifer – brachen, sündigten sie (Hes 17,13.16).

3 übereile dich nicht, von ihm wegzugehen, lass dich nicht ein in eine böse Sache[68], denn er tut alles, was er will;

68 Sprüche 24,21

»übereile dich nicht, von ihm wegzugehen«: Entziehe dich dem ihm geschuldeten Dienst nicht aus einem plötzlich aufkommenden Unwillen heraus, denn dann sündigst du; und **»lass dich nicht ein in eine böse Sache«**: Bereits die Gehorsamsverweigerung ist eine böse Sache, auch wenn er lediglich in passiver Verweigerung des bis dahin geleisteten Dienstes besteht. Noch böser ist es, wenn ich aktiv gegen den Regenten agiere. Gott hat ihm aber nicht umsonst das Schwert in die Hand gegeben:

»Denn er tut ..., was er will ...«

4 weil des Königs Wort eine Macht ist, und wer will zu ihm sagen: Was tust du?

»des Königs Wort ist eine Macht«: Diese Macht hat ihm Gott gegeben. Verwaltet er sie nicht treu, wird Gott ihn dafür richten; deine Sache aber ist es, ihm ergeben zu sein. Sonst trifft dich seine Strafe zu Recht, von Gott verfügt und gewollt.

5-6a Wer das Gebot hält, wird nichts Übles erfahren, und eines Weisen Herz kennt Zeit und richterliche Entscheidung. Denn für jede Sache gibt es eine Zeit und eine richterliche Entscheidung;

»Wer das Gebot hält, wird nichts Böses erfahren«: Das ist Gottes direkter Lohn für Wohlverhalten (Röm 13,3,4). Die Bestrafung der Übeltäter und die Bewahrung und der Schutz der Gehorsamen ist Gottes Einrichtung zum Wohl des Menschen; denn ohne Regierungsmacht und Strafgewalt über die Menschen geschähe unendlich mehr und größeres Unglück, als sündige Regenten in ihren mangelhaften und oft falschen Maßnahmen Einzelnen immer wieder antun. Der Weise dankt daher Gott dafür, dass er Regierungen eingesetzt und ihnen das Schwert in die Hand gegeben hat; denn keine Regierung ist schlimmer, als Regierungslosigkeit sein kann. Diktatur ist schrecklich, aber Anarchie ist schrecklicher.

»Eines Weisen Herz kennt Zeit und richterliche Entscheidung; denn für jede Sache gibt es eine Zeit und eine richterliche Entscheidung«: Der Weise findet in der Offenbarung göttlicher Weisheit, in Gottes ewigem Wort, die notwendige Kenntnis zur Beurteilung der Zeit und der jeweiligen »richterlichen Entscheidungen«, so dass er sich zur rechten Zeit zu fügen und zur rechten Zeit zu widersetzen weiß. Schauen wir uns das Verhalten der meisten Christen allein in diesem Jahrhundert an, dann werden wir uns nicht rühmen können, wir hätten als Volk Gottes das Herz eines Weisen gehabt. Gotteslästerlichen Befehlen von Despoten und gottlosen Einrichtungen von Demokratien haben wir Christen uns zu oft gefügt und Dinge getan, die Gott verboten hatte. Der Herr erbarme sich unser, vergebe unser Versagen und lehre uns Weisheit!

6b-7 denn das Unglück des Menschen lastet schwer auf ihm; denn er weiß nicht, was werden wird; denn wer sollte ihm kundtun, wie es werden wird?

»Denn das Unglück lastet schwer auf ihm; denn er weiß nicht, was werden wird«: Ja, es ist schwierig für den Menschen zu wissen, ob er sich gegen ein böses Regime stellen oder ob er sich ihm unterordnen muss, weil er nicht weiß wie es mit ihm ausgehen wird. Wie soll er es auch wissen? Er kann es nicht wissen. Der Gottesfürchtige fragt aber anders: Nicht ob es opportun sei, sich zu fügen, sondern ob er sich noch fügen und gleichzeitig Gott gehorchen könne. Wenn das nicht möglich ist, dann wird er sich widersetzen, auch wenn das nur schlechte Folgen hat. Über das Ende der Sache weiß er natürlich auch nichts, aber das muss er auch nicht wissen. Das und sich selbst überlässt er Gott. Er wird mein Leben so beenden und dann beenden, wie er will; er wird all die Dinge in mein Leben senden und mir in den Weg stellen, die er in seiner Weisheit und zu meinem Wohl für gut befunden hat. Der Weise, der so urteilt, wird es nicht als schwer lastendes Unglück empfinden, dass er nicht weiß, was werden wird. Er weiß ja seine Zeit in den besten Händen (Ps 31,16). Darum dankt er Gott vielmehr dafür, dass er die noch viel schwerere Bürde, die in der Tat untragbar wäre, nicht tragen muss: zu wissen, was ihm bevorsteht (vgl. 7,14 und 9,12 und das dazu Gesagte).

Dem Menschen, der Gott nicht vertraut, wird die Ungewissheit über das Zukünftige zur erdrückenden Bürde (Lk 21,25.26). Er will gerne wissen, **»wie es werden wird«**, wie die Politik und die Weltwirtschaft laufen wird, damit er auf das richtige Pferd setzt und sich selbst nicht schadet. Aber **»Wer sollte ihm kundtun?«** Wer nur? Die Sterne? Die Kristallkugel? Bei diesen Dingen suchen die Gottlosen Auskunft, immer in der Hoffnung, etwas zu erfahren, das ihnen gefällt; und da die Orakel nicht wirklich Auskunft geben, reden sie sich ein, was sie gerne hören wollen. Gott könnte es dem Menschen kundtun; aber er tut es nicht. Er hat ihm wohl das Ende der beiden Wege – der Wege des Glaubens und des Unglaubens – kundgetan, und das muss, das soll ihm genügen. Und es genügt dem

Weisen auch. Wie dankbar ist er, darüber Gewissheit zu haben, dass er eines Tages da sein wird, wo sein Herr ist. Mehr will er nicht wissen, ertrüge er solches Wissen doch nicht.

8 Kein Mensch hat Macht über den Wind, den Wind zurückzuhalten; und niemand hat Macht über den Tag des Todes; und keine Entlassung gibt es im Kriege; und die Gesetzlosigkeit rettet den Gesetzlosen nicht.[69]

»Kein Mensch hat Macht über den Wind«: oder vielleicht sollten wir das hebräische *rûach* besser als Geist (so Luther), Lebensodem (Segond) auffassen: Der Mensch ist nicht Herr über seinen Atem, dieser ist in Gottes Hand (Dan 5,23). Er kann sich weder das Leben geben noch erhalten. Er hat auch keine Macht über Wind und Wetter.

Ein wenig können wir ordnen und planen, ein wenig uns gegen die Unbilden der Natur wappnen, aber uns ihrer Macht über uns doch nicht entziehen, so gerne wir es wollten. Werfen wir uns darum vor dem nieder, in dessen Faust die Winde sind (Spr 30,4), der sie aus seiner Vorratskammer herausführt (Ps 135,7) und der auch im Sturme zu seinen Heiligen spricht (Hi 38,1) und dem Sturm und Wellen aufs Wort gehorchen (Mt 8,27).

»Niemand hat Macht über den Tag des Todes«: Abermals danken wir Gott dafür, dass es so ist. Er macht lebendig, und er tötet auch (5Mo 32,39). Er hat die Lebensspanne festgelegt, und wir können sie durch keine Sorge, keine Maßnahme, keine Vorkehrung verlängern (Mt 6,27); unsere Zeit steht in seinen Händen (Ps 31,16) und ebenso das Maß unserer Tage (Ps 39,5). Von ihm bestimmt sind unsere Tage und die Zahl unserer Monate (Hi 14,5). Auch gibt es keine Entlassung im Kriege: Wen das Geschoss treffen soll, den trifft es, auch wenn der Pfeil aufs Geratewohl von der Sehne geschnellt wird. Er wird seinen Weg auch in den schmalen Spalt zwischen Brustpanzer und Lendenpanzer finden, wenn Gott den Todesengel entsandt und ihm sein Werk bestimmt hat (1Kö 22,34). Es muss aber der Christ den Pfeil nicht fürchten, der bei Tage fliegt (Ps 91,5), denn nicht blindes Geschick, nicht herzlose Notwendigkeit, der schnöde Zufall werden ihn töten, sondern sein Gott wird ihm sein Leben beenden, wenn sein Ende bestimmt ist, nicht vorher. Und keine **»Gesetzlosigkeit wird den retten, der sie übt«**. Keine Schlauheit des Gottlosen, kein unredlich verdientes Gold und

69 Sprüche 10,2

Silber und keine noch so sorgfältige Vorsichtsmaßnahme kann ihn an dem Tage retten, da Gott ihn heimsucht.[70]

9 Das alles habe ich gesehen und habe mein Herz auf alles Tun gerichtet, welches unter der Sonne geschieht, zur Zeit, in der der Mensch über die Menschen herrscht[71] zu ihrem Unglück.

»Zur Zeit, wo der Mensch über den Menschen herrscht zu ihrem Unglück«: Gott weiß wohl, dass ungerechte Herrscher die Menschen bedrücken. Solches rechtfertigt aber Sünde des Unterdrückten nicht; auch hier ist es seine Sache, gehorsam zu sein, solange als er nicht ein Gebot Gottes brechen muss. Wie töricht sind wir, wenn wir meinen, uns nicht unter von Gott gefügte Regierungen – aufs allgemeinste gesagt: unter von Gott gefügte Umstände – demütigen zu müssen. Weiß denn Gott nicht um alles Leid? Ist denn der tyrannische König ohne Gott König geworden? Lenkt Gott nicht auch Missliches und Widerwärtiges zu unserem Wohl? Ja, hat er es nicht gesandt, weil er uns Gutes tun will? Wer zählt die Seelen, die die Not erst lehrte, Gott zu fürchten und an ihn zu glauben – dies zu ihrer ewigen Glückseligkeit?

f) Die Furcht des HERRN ist zum Leben (8,10-14)

»Die Furcht des HERRN ist zum Leben«, das hatte Salomo im Buch der Sprüche bereits gelehrt (19,23). Wer den Ewigen fürchtet, beugt sich auch unter die für sein menschliches Empfinden ungerechten Wege Gottes, der scheinbar mit willkürlicher Hand seine Güter austeilt und seine Gerichte verhängt. Diese Furcht wird ihm zum Leben (V.12); denn sie bewahrt ihn vor dem Übermut der Gottlosen, die richtig beobachten, dass Gott die Sünden nicht sofort straft, woraus sie schließen, dass man Gott unbeachtet lassen und damit davonkommen könne (Mal 3,15).

---

70 Der Fall der für uneinnehmbar gehaltenen Stadt Babylon zeigt das sehr schön (Jer 51). Dei Stadt hatte so hohe und so dicke Mauern, dass niemand sie zu stürmen gewagt hätte, und sie war durch den Euphrat, der mitten durch die Stadt floss, immer mit Wasser versorgt, weshalb sie durch keine Belagerung ausgedurstet werden konnte. Zudem hatte sie innerhalb ihrer Mauern weitläufige Weidegründe für Vieh und riesige Obst- und Gemüsegärten. Sie konnte also auch nicht ausgehungert werden. Und doch fiel die Stadt, und zwar im Jahr und am Tag, den Gott verordnet hatte. Sie fiel ihrer Sünden wegen; Babylons Gesetzlosigkeit konnte Babylon nicht retten.

71 1. Mose 9,6

10 Und alsdann habe ich Gesetzlose gesehen, die begraben wurden und zur Ruhe eingingen; diejenigen aber, welche recht gehandelt hatten, mussten von der heiligen Stätte wegziehen und wurden in der Stadt vergessen. Auch das ist Eitelkeit.

Was **»ist Eitelkeit«**? Die Tatsache, dass die Gesetzlosen in Ehren begraben werden, während die Gerechten in der Ferne leben und sterben müssen wie z. B. ein Daniel (Dan 1,6) und dabei in Vergessenheit geraten, wäre sinnlos oder eben **»Eitelkeit«**, wenn dieses Leben das einzige Leben wäre.

11-13 Weil das Urteil über böse Taten nicht schnell vollzogen wird, darum ist das Herz der Menschenkinder in ihnen voll, Böses zu tun; weil ein Sünder hundertmal Böses tut und doch seine Tage verlängert[72]- obgleich ich weiß, dass es denen, die Gott fürchten, wohlgehen wird[73], weil sie sich vor ihm fürchten; aber dem Gesetzlosen wird es nicht wohlgehen, und er wird, dem Schatten gleich, seine Tage nicht verlängern, weil er sich vor Gott nicht fürchtet.

Der Gottlose zieht aus der genannten Beobachtung den Schluss, dass der Ruchlose der Kluge sei. Wenn böse Taten nicht **»schnell«** gerichtet werden, dann werden sie wohl gar nie gerichtet. Dann ist kein Gericht; und dann ist kein Gott. Das ist der Gedankengang des Toren (Ps 14,1). Gottes Langmut lehrt ihn nicht Dankbarkeit und Gottesfurcht, Gottes Güte führt ihn nicht zur Buße (Jes 26,10; Röm 2,4); sondern im Gegenteil: Sie verleitet ihn zum frechen Gedanken, dass dann gar kein Gericht sei. Damit häuft er sich aber Zorn auf für den Tag des gerechten Gerichtes Gottes (Röm 2,5).

Der Gottesfürchtige weiß, dass Gott gerecht ist und dass er an seinem Tag vollkommen gerecht richten wird. Er versteht die scheinbaren Ungerechtigkeiten des Lebens auch nicht zu erklären; er weiß aber, dass Gott es weiß, und das genügt ihm. Das ist nichts als Gottesfurcht. Diese wird ihm zum Leben (Spr 19,23). Der Gottlose wird aber in seiner Gottlosigkeit umkommen, **»weil er sich vor Gott nicht fürchtet«**.

14 Es ist eine Eitelkeit, die auf Erden geschieht: dass es Gerechte gibt, welchen nach dem Tun der Gesetzlosen widerfährt, und dass es Gesetzlose gibt, welchen nach dem Tun der Gerechten widerfährt[74]. Ich sagte, dass auch das Eitelkeit sei.

---

72 Malechi 3,15

73 Jesaja 3,10; Psalm 128,1.2

74 Psalm 73,3

Wiederum sagt Salomo, es sei **»eine Eitelkeit, die auf Erden geschieht«**, wenn es den Gesetzlosen hier besser geht als den Gerechten. (Wie die **»Eitelkeit«** verstanden werden muss, ist oben bei V.10 erklärt worden). Man beachte die wichtige Einschränkung **»auf Erden«**. Beschränkte sich die Existenz des Menschen auf sein irdisches Leben, dann wäre es in der Tat eitel und ungerecht. Erst im Licht der Ewigkeit löst sich die Eitelkeit in Herrlichkeit auf.

g) Ergebnis (8,15)

15 Und ich pries die Freude, weil es für den Menschen nichts Besseres unter der Sonne gibt, als zu essen und zu trinken und sich zu freuen; und dies wird ihn begleiten bei seiner Mühe, die Tage seines Lebens hindurch, welche Gott ihm unter der Sonne gegeben hat.

Es gibt **»für den Menschen nichts Besseres unter der Sonne«** als sich zu freuen; nicht durchaus für den Menschen, in dessen Herz die Ewigkeit gelegt worden ist, sondern bezogen auf seine irdische Laufbahn. Was könnte er sich für das Hier und Jetzt besseres wünschen, als sich nicht mit den unlösbaren Rätseln der Vorsehung und Verantwortung quälen zu müssen, sondern sich leicht und sorglos an den täglichen guten Gaben des Schöpfers freuen zu können? Das wird er aber nur können, wenn er Gott fürchtet; denn fürchtet er Gott, versucht er nicht, das zu verstehen, was ihm nicht gegeben ist, noch klagt er Gott über Dinge an, die er nicht zu beurteilen vermag. Er vertraut dem Herrn und Schöpfer aller Dinge, dass er nichts Ungerechtes tun kann; denn er ist Licht und gar keine Finsternis ist in ihm (1Jo 1,5).

7. Fügung und Entscheidung (8,16 - 9,10)

a) Gottes Werke sind für uns unabsehbar (8,16.17)
b) Wir sind gegenüber Gottes Fügungen machtlos (9,1-3)
c) Solange wir leben, ist noch Hoffnung (9,4-6)
d) Rat (9,7-10)

a) Gottes Werke sind für uns unabsehbar (8,16-17)

16-17 Als ich mein Herz darauf richtete, Weisheit zu erkennen und das Treiben zu besehen, welches auf Erden geschieht (denn weder bei Tage noch bei Nacht sieht er den Schlaf mit seinen Augen), da habe ich bezüglich des ganzen Werkes Gottes gesehen, dass der Mensch das Werk nicht zu erfassen vermag, welches unter der Sonne geschieht, indem der Mensch sich abmüht es zu suchen, aber es nicht erfasst. Und selbst wenn der Weise es zu erkennen meint, vermag er es doch nicht zu erfassen.

Hat jemand unter uns sich selbst beim Schlafen zugeschaut? Nein, denn **»weder bei Tag noch bei Nacht sieht er den Schlaf mit seinen Augen«**. Jeder hat schon einmal versucht, sich selbst dabei zu beobachten, wie er aus dem wachen Zustand in den Schlaf hinübergleitet, aber es gelingt uns nie. Könnte Gott uns irgendwie deutlicher zeigen, wie hilflose Kreaturen, wie schutzlos und wie ausgesetzt wir sind? Wir haben es nicht in der eigenen Hand einzuschlafen, auch nicht aufzuwachen. Will uns der Schöpfer damit nicht zeigen, wie vollständig wir in seiner Hand, wie vollständig wir als sein Werk auf sein Wirken angewiesen sind? Das soll uns ein wenig bescheidener machen in unserem Denken und Tun, so dass wir Salomo zustimmen: **»Da habe ich bezüglich des ganzen Werkes Gottes gesehen, dass der Mensch das Werk nicht zu erfassen vermag, welches unter der Sonne geschieht, indem der Mensch sich abmüht es zu suchen, aber es nicht erfasst.«** Wer meint, er sei so weise, dass er es erkennen könne, beweist damit nur, dass er ein Tor ist.

Kapitel 9

b) Wir sind gegenüber Gottes Fügungen machtlos (9,1-3)

Wir sind in uns machtlos. Das sagt uns Gott; damit wir es glauben, lässt er uns an unseren guten Vorsätzen zu Schanden werden (V. 1). Dies darf aber niemanden zu Fatalismus oder gar zu gewissenlosem Sündigen verleiten (V.3); vielmehr will diese Erkenntnis uns lehren, Gott zu fürchten und uns vor dem zu demütigen, der uns allein zum Guten befähigen kann.

1 Denn dies alles habe ich mir zu Herzen genommen, und zwar um dies alles zu prüfen: dass die Gerechten und die Weisen und ihre Taten in der Hand Gottes sind, sowohl Liebe als auch Hass. Nichts weiß der Mensch von allem, was noch vor ihm ist.

Was **»vor ihnen ist«**, entzieht sich naturgemäß der Verfügungsgewalt der Menschen. Aber das, was jetzt ist, war einmal Zukunft, über die ich ebenso wenig Gewalt hatte. Wahrlich, alles und alle sind **»in der Hand Gottes«**. Wir mögen uns vornehmen, **»Liebe«** zu üben, und doch wird in uns der **»Hass«** übermächtig. Wir haben uns und unsere Werke nicht in der Hand, so sehr wir uns etwas auf unsere vermeintliche Selbstzucht einbilden. Wir sind Knechte der Sünde, Gefangene des Bösen. Darum tun wir gut daran, uns unter die Hand dessen zu demütigen, in dessen Hand Kraft und Tugend sind.

2 Alles ist gleicherweise für alle: einerlei Geschick für den Gerechten und den Gesetzlosen, für den Guten sowie den Reinen und den Unreinen und für den, der opfert, und den, der nicht opfert: wie der Gute, so der Sünder, der, welcher schwört, wie der, welcher den Eid fürchtet.

In mancherlei Hinsicht ergeht es **»den Gerechten und den Gesetzlosen«** gleich. Beide kennen Mühsal, Krankheit, Alter und Tod (siehe Hi 9,22), beide kennen zeitliche Wohlfahrt. Der gottesfürchtige Salomo war reich, ebenso der gottlose Perserkönig Ahasveros. Der gerechte Hiob musste vieles erleiden, ebenso der hochmütige König Usija (2Chr 26,16-21). *»Es ist kein Unterschied, alle haben gesündigt«* (Röm 3,23); und darum wartet auf alle das gleiche Ende; denn *»der Lohn der Sünde ist der Tod«* (Röm 6,23). Es ist aber auch *»kein Unterschied ... denn derselbe Herr von allen ist reich für alle, die ihn anrufen, denn jeder, der den Namen des HERRN anruft, wird errettet werden«* (Röm 10,12f). Wie sich auf der einen Seite die Unterschiedslosigkeit gegen den Menschen wendet, so wendet sich die Unterschiedslosigkeit auf der anderen Seite zu seinen Gunsten.

3 Das ist ein Übel in allem, was unter der Sonne geschieht, dass einerlei Geschick allen zuteil wird; und auch ist das Herz der Menschenkinder voller Bosheit, und Narrheit ist in ihrem Herzen während ihres Lebens; aber danach geht's zu den Toten.

Diesen zuletzt genannten Schluss ziehen aber nicht alle aus der Beobachtung, dass Heiligen wie Sündern im Leben Gleiches widerfährt und der Tod alle gleich wegrafft, scheinbar ohne Rücksicht auf die Tugendhaftigkeit oder Lasterhaftigkeit eines Lebens.

Und der gleiche Omnibus
Führt uns nach dem Tartarus.

Sagte Heine in seiner typisch saloppen Weise. Wenn wirklich **»einerlei Geschick allen zuteil wird«** und wir alle im gleichen Omnibus in den Tartarus sausen, dann sind wir ja dumm, wenn wir uns in diesem Leben nicht nehmen, was sich eben nehmen lässt. Darum **»ist das Herz der Menschenkinder voller Bosheit«** (siehe 8,11), darum sagen sie in der **»Narrheit«** ihres Herzens: *»lasst uns essen und trinken, denn morgen sterben wir«* (1Kor15,32);

»... aber danach geht's zu den Toten«: Dieses **»aber«** ist zu betonen. Wohl sieht es für unsere Augen so aus, als sei das Geschick der Gerechten und der Gottlosen einerlei – aber der Tod, der wohl der große Gleichmacher ist, ist auch der große Scheider: Die einen sterben und schlagen die Augen auf im Hades, die andern sterben und werden von den Engeln in den Schoß Abrahams getragen (Lk 16,22.23); die einen gehen ein in die Freude ihres Herrn, die anderen werden, an Händen und Füßen gebunden, in die äußere Finsternis geworfen (Mt 25,21.30). Es ist eine fatalistische und gottlose Art zu sagen: Alle sterben gleich, also ist es auch gleich, wie wir leben. Nein, es ist nicht gleich wie wir leben; denn in diesem Leben entscheidet sich, wie wir sterben; und so, wie wir gestorben sind, bleiben wir ewig: *»An dem Ort, wo der Baum fällt, da bleibt er liegen«* (11,3).

c) Solange wir leben, ist noch Hoffnung (9,4-6)

Das Leben unter der Sonne hat diesen einen Sinn: dass wir in ihm den Urheber unseres Daseins und unseres Heils finden. Solange wir noch leben, solange es heute heißt (Hebr 3,13), **»gibt es Hoffnung«**, Hoffnung des Ewigen Lebens (Tit 1,2) und Hoffnung der Herrlichkeit (Kol 1,27). Diese zu finden, ist das Ziel und der Sinn unseres sonst eitlen Lebens. Damit sind diese Verse ein Aufruf an die Lebenden, sich nicht fatalistisch gehen zu lassen und sich hemmungslos der Sünde zu ergeben, sondern *»Gott zu suchen, ob sie ihn wohl tastend fühlen und finden möchten«* (Apg 17,27).

4 Denn für einen jeden, der all den Lebenden zugesellt wird, gibt es Hoffnung; denn selbst ein lebendiger Hund ist besser daran als ein toter Löwe.

Weil es noch Hoffnung gibt, ist der noch Lebende in jedem Fall besser dran als der schon Verstorbene; darum ist das Teil jedes noch so armen Tropfes unter der Sonne besser als das Los jedes Königs im Totenreich. Ein **»Hund«** mag ein Fell haben, das von Läusen wimmelt – und wir müssen hier natürlich an echt orientalische Gassenköter denken und nicht an die gehätschelten und gekämmten Rassetiere, wie wir sie in Europa kennen -, aber er ist, solange er lebt, besser dran als der König der Tiere in seinem goldenen Vlies, wenn er tot ist. Solange der Sünder noch einen Schnauf in der Nase hat, **»gibt es Hoffnung«**, ist noch Zeit und Gnade, um Buße zu tun, zu glauben und damit *»aus dem Tode in das Leben«* hinüberzugehen (Joh 5,24).

5-6 Denn die Lebenden wissen, dass sie sterben werden; die Toten aber wissen gar nichts, und sie haben keinen Lohn mehr, denn ihr Gedächtnis ist vergessen. Sowohl ihre Liebe als auch ihr Hass und ihr Eifern ist längst dahin; und sie haben ewiglich kein Teil mehr an allem, was unter der Sonne geschieht.

Solange die Menschen wissen, **»dass sie sterben werden«**, ist noch Zeit, dass sie weise werden zur Seligkeit (2Tim 3,15). Die Toten haben kein solches Wissen mehr. Das heißt natürlich keinesfalls, dass sie **»gar nichts«** wissen, weil sie aufgehört hätten zu existieren oder weil sie in einem dem Tod ähnlichen Seelenschlaf versunken wären. Sie wissen, was sie selbst angeht, nicht mehr um einen Tag der Gnade, der dem Tag des Gerichts voraufgeht; sie harren nur noch auf den Tag der Offenbarung des gerechten Zornes Gottes. Sie haben wie der reiche Mann im Hades ihre Augen aufgeschlagen (Lk 16,23), und sie wissen, dass sie schuldig, wissen, dass sie verloren sind, wissen, dass Gott sie verdientermaßen richten wird. Nicht nur ist ihr Lohn dahin, **»ihr Gedächtnis«** ist auch **»vergessen«**. Von ihrem eitlen Leben ist nichts mehr geblieben; kein Mensch denkt an sie, keiner trauert mehr um sie. **»Sie haben kein Teil mehr an allem, was unter der Sonne geschieht«**, und zwar weder im positiven noch im negativen Sinn: Unter der Sonne war noch Hoffnung, war noch Möglichkeit und Gelegenheit, Gott und die Ewigkeit zu suchen. Dafür ist es jetzt zu spät. Und sie haben auch kein Teil mehr an all den Geschäften, die, solange sie währten, ihrem Leben wenigstens da und dort kurze Freuden gewährten. Ihrer harrt nur noch das ewige Gericht. Die angenehme

Zeit (2Kor 6,2) ist für sie verstrichen, und es bleibt nur noch *»ein gewisses furchtvolles Erwarten des Gerichts und der Eifer eines Feuers, das die Widersacher verschlingen wird«* (Hebr 10,26f).

d) Rat (9,7-10)

7-10 Geh, iss dein Brot mit Freude und trinke deinen Wein mit frohem Herzen; denn längst hat Gott Wohlgefallen an deinem Tun. Deine Kleider seien weiß zu aller Zeit, und das Öl mangle nicht auf deinem Haupte! Genieße das Leben mit dem Weibe[75], das du liebst, alle Tage deines eitlen Lebens, welches er dir unter der Sonne gegeben hat, alle deine eitlen Tage hindurch; denn das ist dein Teil am Leben und an deiner Mühe, womit du dich abmühst unter der Sonne. Alles, was du zu tun vermagst mit deiner Kraft, das tue; denn es gibt weder Tun noch Überlegung noch Kenntnis noch Weisheit im Scheol, wohin du gehst.

»Geh, iss dein Brot mit Freude ...«: Dieser Rat wäre nackter Zynismus, setzte er nicht voraus, dass wir angesichts der Vergänglichkeit unseres Lebens gelernt haben, Gott zu fürchten und in dieser Gottesfurcht gelernt haben, dem zu glauben, der uns vom kommenden Gericht befreit und uns aus dem Tod in das ewige Leben führt (Joh 5,24). Haben wir aber die Gewissheit der Vergebung unserer Schuld und rühmen wir uns der Hoffnung des Ewigen Lebens und der Herrlichkeit, dann können wir Salomos Rat befolgen: Wir essen unser Brot und trinken unseren Wein mit frohem Herzen und danken dabei Gott, dem Vater, durch den Sohn (Kol 3,17).

»Genieße das Leben mit dem Weibe, das du liebst«: Wir danken für Nahrung und Bedeckung und für die gute Gattin, die der Herr uns in seiner Gnade gegeben hat; denn *»wer ein Weib gefunden, hat Gutes gefunden, und hat Wohlgefallen erlangt von dem HERRN«* (Spr 18,22). Und sollten wir diese gute Gabe des Schöpfers, die Liebe zwischen Mann und Frau, nicht dankbar genießen?[76] Je gründlicher wir von der Tatsache überführt sind, dass **»alle Tage des ... Lebens«** eitel sind, desto unbeschwerter werden wir uns an dem Guten, das uns Gott alle diese Tage gibt, erfreuen.

---

75 Sprüche 5,18

76 Hier wird deutlich, dass Salomo mit seiner Aussage in Kapitel 7,26 nicht sagen wollte, die Frau als solche sei bitterer als der Tod; denn wie hätte er sonst an dieser Stelle den Rat geben können, sich an der Frau zu erfreuen, die Gott einem gegeben hat?

Wissen wir, wie kurz unser Leben ist, werden wir **»alles, was du zu tun vermagst mit deiner Kraft«**, tun, werden wir *»überströmend in dem Werke des Herrn«* (1Kor 15,58) sein, werden wir arbeiten, so lange es Tag ist; denn *»es kommt die Nacht, da niemand wirken kann«* (Joh 9,4). Wie schön sind in diesen Versen Genießen und Arbeiten einander zugeordnet! Wenn wir fleißig arbeiten, können wir umso unbeschwerter genießen. Und noch schöner sind Zeit und Ewigkeit zueinander in Beziehung gesetzt; denn in der Zeit sind beides, Arbeit und Genuss, nur dann frei von Verdruss, wenn das Licht der Ewigkeit sie umfließt. Was du jetzt tun kannst, das tue jetzt; denn nachher, **»im Scheol«**, in der Ewigkeit, wird keine **»Überlegung noch Kenntnis noch Weisheit«** die hier versäumten Gelegenheiten, Gutes zu tun, wiederbringen. Darum wollen wir *»die gelegene Zeit auskaufen, denn die Tage sind böse«* (Eph 5,16; Kol 4,5), darum wollen wir *»im Gutestun nicht müde werden, denn zu seiner Zeit werden wir ernten, wenn wir nicht ermatten. Also nun, wie wir Gelegenheit haben, lasst uns das Gute wirken gegen alle, am meisten aber gegen die Hausgenossen des Glaubens«* (Gal 5,9.10).

8. Hilflosigkeiten und Unwägbarkeiten (9,11 - 11,8)

a) Zeit und Ende trifft uns alle (9,11-12)
b) Die Weisheit des Armen wird verachtet (9,13-18)
c) Weisheit, in einer verkehrten und schwierigen Welt zu leben (10,1-11)
d) Der Weise und der Tor (10,12-15)
e) Gute und schlechte Regierung (10,16-20)
f) Leben im Glauben, säen auf Hoffnung (11,1-6)
g) Rat (11,7-8)

a) Zeit und Ende trifft uns alle (9,11-12)

Wohl sollen wir tun, was in unserer Kraft ist (V.10), dabei sollen wir aber nicht vergessen, dass der Ausgang all unseres Tuns und unseres Lebens in Gottes Hand bleibt.

> »Wir müssen die Mittel gebrauchen, aber nicht auf diese unser Vertrauen setzen. Haben wir Gelingen, müssen wir Gott dafür die Ehre geben (Ps 44,3), schlägt unser Vorsatz fehl, müssen wir uns stille in sein Schicken fügen.« (Matthew Henry)

Salomo hat uns bereits gesagt, dass Geborenwerden seine Zeit und Sterben seine Zeit hat (3,2). Keines von beiden ist in der Hand des Menschen. Könnte uns der Schöpfer irgendwie deutlicher demonstrieren, wie machtlos wir wirklich sind? Wie blind müssen wir aber sein, dass wir zunächst überhaupt nichts sehen! Und wie träge muss unser Geist sein, dass wir, auch nachdem Gott uns erstmals die Augen geöffnet hat, nur sehr, sehr schwach die Tragweite dieser Grundtatsache unserer ganzen Existenz ermessen.

11 Ich wandte mich und sah unter der Sonne, dass nicht den Schnellen[77] der Lauf gehört und nicht den Helden der Krieg und auch nicht den Weisen das Brot und auch nicht den Verständigen der Reichtum und auch nicht den Kenntnisreichen die Gunst; denn Zeit und Schicksal trifft sie alle.

Wären immer die Stärkeren und die Schnelleren Sieger, dann müssten wir urteilen, dass kein Gott sei oder bestenfalls der passive Gott der Deisten; denn dann hätte der Mensch sein Schicksal in seiner Hand. Nun aber mag der Mensch sich manches vorsetzen, Gott aber lenkt ihn anders, als er es geplant hatte:

> *»Das Herz des Menschen erdenkt seinen Weg, aber der HERR lenkt seine Schritte«* (Spr 16,9).

Wir danken Gott, dass er über dem Tun der Menschen waltet und die Geringen erhöht und die Mächtigen stürzt (1Sam 2,7f); Ps 113,7-9; Lk 1,51-53), die Elenden befreit und die Klugen erhascht in ihrer List (Hi 5,12; 1Kor 3,19), den Schwachen Sieg gibt über die Starken (1Sam 17,50). Täte er es nicht, gäbe es in dieser Welt der Sünde und Sünder keine Errettung – wie wir an dem Umstand erkennen, dass alle eben genannten Bibelstellen Gottes Handeln in der Heilsgeschichte kommentieren.

Gehörte immer den Helden der Sieg, hätte David nie über Goliath, hätte Christus, *»in Schwachheit gekreuzigt«*, nie über die Macht des Bösen siegen können. Nun aber ist *»das Schwache Gottes stärker als die Menschen«* (1Kor 1,25).

12 Denn der Mensch weiß auch seine Zeit nicht; gleich den Fischen, welche gefangen werden im verderblichen Netze, und gleich den Vögeln, welche in der Schlinge gefangen werden: gleich diesen werden die Menschenkinder verstrickt zur Zeit des Unglücks, wenn dieses sie plötzlich überfällt.

---

77 Amos 2,14-16

Da mag einer im Lauf noch so schnell und im Krieg ein noch so großer Held sein – er hat sein Leben nicht in seiner Hand. Der gleiche Josua, der vor Jericho, einer bis zum Himmel verriegelten Stadt, siegreich gewesen war, erlitt vor dem kleinen Ai eine Niederlage. Der Weise verdankt nicht seiner Weisheit das Brot und der Verständige nicht seinem Verstand den Reichtum. Darum sage niemand:

> *»Meine Kraft und die Stärke meiner Hand hat mir dieses Vermögen geschafft! Sondern du sollst des HERRN, deines Gottes, gedenken, dass er es ist, der dir Kraft gibt, Vermögen zu schaffen«* (5Mo 8,17-18).

Erinnert uns nicht der Tod, dem alle ohne Ausnahme erliegen, dass wir vor Gott und vor der Ewigkeit alle gleich hilflos sind, dass wir wohl Ross und Wagen rüsten mögen, die Errettung aber des HERRN ist? (Spr 21,31). Wenn unsere **»Zeit«** da ist, trifft uns alle das gleiche **»Schicksal«**. Die Zeit wissen wir nicht, und über das von Gott Verhängte oder eben: *Geschickte* – darum heißt es Schicksal – haben wir keine Macht. Gott allein weiß es; und Gott allein hat Macht. Glauben wir das wirklich? Dann werden wir uns unter seine mächtige Hand demütigen; und er wird uns erhöhen zur rechten, zur von ihm bestimmten Zeit (1Petr 5,6).

»Gleich den Fischen ... und gleich den Vögeln« werden wir am Tag des Unglücks in den Tod gerissen. Es ist nicht das erste Mal, dass Salomo sagt, der Mensch sei dem Tiere gleich (siehe Kap. 3,19). Er ist sterblich wie jenes, von der Macht des Schöpfers abhängig, dass dieser ihm das Leben gebe und erhalte. So sind denn hierin Tier und Mensch vom Schöpfer gleich abhängig, und hierin sind sich auch Gerechte und Gesetzlose gleich (9,3). Der Tod ist in der Tat der große Nivellierer unter den Menschen, und zwar ein unerbittlicher Abwärtsnivellierer, der nicht mit sich reden lässt. Herzlos wird jeder unter das gleiche Joch gezwängt. Das ist bitter für den, der sich dagegen aufbäumt. Wer sich unter Gottes Macht und Hand gedemütigt hat, für den hat der Tod seine Bitterkeit verloren: Dem wird er zur Pforte zum Leben und zur Herrlichkeit. Denn der Mensch muss sich erniedrigen, wenn er erhöht werden will (Lk 14,11). Würde er sich aber je erniedrigen, wenn ihn der Tod und das Wissen um ihn nicht dazu nötigte?

Der Mensch weiß seine Zeit nicht; und doch will er sie in seiner Torheit nur zu gerne wissen (siehe 7,14); denn er hasst es, unwissend und damit machtlos zu sein. Gott aber hat ihn in der Unwissenheit belassen, und das nimmt der Weise an. Dass das Unglück den Menschen **»plötzlich überfällt«**, ist nämlich eine gnädige Vorkehrung des Schöpfers, denn keiner von uns ertrüge das Wissen um den Tag seines Endes. Ferner hat Gott uns über diesen einen Tag in Unwissenheit belassen, damit wir allezeit bereit seien, unserem Gott zu begegnen. Was Augustin einmal bezüglich des Tages der Wiederkunft des Herrn sagte, gilt auch für unseren Todestag:

> »Gott hat diesen einen Tag verborgen, damit wir alle Tage wachen.«

Wie gesegnet anders als alle Menschen war unser Herr. Er wusste von Anfang an um seine Stunde (Joh 13,1), und nicht allein um die Stunde in der er diese Welt verlassen würde, sondern auch um den Weg, auf dem er dahin gehen sollte (Lk 9,31; Joh 18,4). Und dennoch ging er in erhabener Ruhe seinen Weg auf dieses furchtbare Ziel zu (Lk 9,51).

b) Die Weisheit des Armen wird verachtet (9,13-18)

Die Geschichte, die Salomo hier einflicht, ist eine Illustration der in 9,11 gemachten Aussage, dass nicht den Helden der Krieg gehört: Der große König mit seinem mächtigen Heer erreicht seinen Vorsatz wider Erwarten nicht. Und der Weise, der die bedrängte Stadt rettet, ist arm: den Weisen gehört wahrhaftig nicht immer das Brot.

Sind wir dem Tode so ausgeliefert, dass wir unseren Todestag nicht wissen, geschweige denn ihn fliehen können, sollten wir jene Weisheit, die vom *»König des Schreckens«* (Hi 18,14) zu befreien vermag, umso höher schätzen. Tatsache aber ist, dass der Mensch diesen einen armen Weisen, der die vom König der Schrecken belagerte Stadt durch seine Weisheit errettete, übersieht, ja, verachtet:

13 Auch dieses habe ich als Weisheit unter der Sonne gesehen, und sie kam mir groß vor:
14 Es war eine kleine Stadt, und wenig Männer waren darin; und wider sie kam ein großer König, und er umzingelte sie und baute große Belagerungswerke wider sie.
15 Und es fand sich darin ein armer weiser Mann, der die Stadt durch seine Weisheit rettete[78]; aber kein Mensch gedachte dieses armen Mannes.

---

78 Sprüche 16,14; 21,22; 29,8

Die kleine Geschichte, die Salomo uns hier erzählt, ist ein Beispiel von großer Weisheit: **»Sie kam mir groß vor.«** Er meint damit die Weisheit, die **»besser ist als Kraft«** (V.16), die Weisheit, die es verstand, den Kraftlosen (Röm 5,6) aus der Macht des Starken (Lk 11,21) zu befreien. Er meint die *»Weisheit Gottes«*, die gleichzeitig *»die Kraft Gottes«* (1Kor 1,18.21) ist. Salomo nennt sie **»groß«**, um sie von der Weisheit der Welt zu unterscheiden. Sie ist dem Wesen nach ganz anders als die Klugheit und das Geschick der Menschen, sie kommt nicht aus der Menschenbrust; sie vermag ganz anderes als Menschenmögliches. Sie vermag das Unmögliche, nämlich Sünder aus der Gewalt des Todes zu retten.

Die **»kleine Stadt«** ist die Welt der Menschen oder die einzelne Menschenseele. *John Bunyan* könnte von hier die Idee für sein großartiges allegorisches Lehrstück *»The Holy War – der Heilige Krieg«* genommen haben. Gegen den Menschen ist **»ein großer König«** gekommen, hat ihn verführt und ihn so seiner Macht unterworfen, dem Tod (Hebr 2,14). Er wartet geduldig, wie ein König mit einem mächtigen Heer, der weiß, dass es nur eine Frage der Zeit ist, bis die belagerte Stadt ausgedurstet ist und ihm kampflos wie eine reife Pflaume ins offene Maul fällt.

»Darin«, in der Stadt selbst, war ein **»armer, weiser Mann«**. Dieser Arme und Weise ist der Herr Jesus (2Kor 8,9; 1Kor 1,30), der Mensch wurde und in diese Welt kam, um **»durch seine Weisheit«** die belagerte Stadt zu retten.

16 Da sprach ich: Weisheit ist besser als Kraft; aber die Weisheit des Armen wird verachtet, und seine Worte werden nicht gehört.

Die **»Weisheit des Armen« wird verachtet**[79]; *»das Wort vom Kreuz ist denen, die verlorengehen, eine Torheit«* (1Kor 1,18). Es

---

79 Dieser arme Weise hat den Charakter eines wahren Dieners und darum auch eines wahren Führers:
1. Er ist weise, dennoch arm. Das verdrießt ihn nicht, wiewohl er sieht, wie andere, die weniger weise sind als er, ein besseres Teil ihr eigen nennen.
2. Er dient seiner Stadt, wiewohl er als ein Armer bis dahin nicht im Ansehen der Leute gestanden und darum wohl auch nicht im Rat der Stadt gesessen hatte. Frustrierte Interessen oder Ressentiments können einen Weisen nicht davon abhalten, dem Gemeinwohl zu dienen.
3. Es wird seiner Weisheit und seiner Wohltat nicht gedacht. Undankbarkeit wird den Weisen nicht verbittern.

Diese Eigenschaften finden sich bei den Knechten Gottes, die in alter Zeit dem Volk Gottes gedient haben. Wir denken an Mose, wir denken an David, wir denken an Paulus (2Kor 12,15). Bei niemandem fanden sich indes diese Eigenschaften in solch vollkommener Weise wie bei dem Knecht des HERRN (Mt 12,18), beim Herrn Jesus Christus.

wird **»nicht gehört«**; die Menschen wenden die Ohren lieber von der Wahrheit weg *»zu den Fabeln«* (2Tim 4,4).

17 Worte der Weisen[80], in Ruhe gehört, sind mehr wert als das Geschrei des Herrschers unter den Toren.
18 Weisheit ist besser als Kriegsgeräte; aber ein Sünder vernichtet viel Gutes.

»Die Worte der Weisen« sind die Worte, die uns weise zur Errettung machen können. In Sprüche 1,6 verwendet Salomo den gleichen Ausdruck. Sollten wir auf diese Worte nicht **»in Ruhe«** hören? Ja, wir müssen lernen, zu hören, sonst sind wir verloren (vgl. auch 5,1), und wir müssen lernen, die Worte des noch verborgenen Gottes dem **»Geschrei des Herrschers«** vorzuziehen. Der Herrscher ist nicht verborgen; er ist quicklebendig und schier allgegenwärtig; er hat Geld, Ämter und Ehren zu vergeben, die uns hier und jetzt etwas nützen. Ganze Kessel mit Linsensuppe brutzeln in seiner Küche. Und Linsensuppe kann man essen, Verheißungen hingegen nicht – denkt der Gottlose, und hört lieber auf das laute Schreien der Herrscher als auf das stille Säuseln der Stimme Gottes. Dabei ist **»Weisheit besser als Kriegsgeräte«**, stärker als jede Waffe, wenn es um den letzten Kampf der Seele geht: um Leben und Tod. Was helfen Kanonen gegen den Teufel und seine Dämonen? Was nützt alle Gelehrsamkeit, wenn Satans List uns verblendet hat, so dass wir den Lichtglanz des Evangeliums der Herrlichkeit nicht sehen können?

»Aber ein Sünder vernichtet viel Gutes.«: Das kann zweierlei bedeuten: Die ganze Pracht der weiten Schöpfung wurde durch eine Sünde eines einzigen Sünders verdorben. Adams riss mit seiner Übertretung die ganze Schöpfung in die Vergänglichkeit und in den Tod (Röm 8,20). Ein Sünder, dessen Sünde man in Korinth nicht verurteilte, durchsäuerte die ganze Gemeinde (1Kor 5,6). Dieser und der nächste Vers lehren mich, dass etwas, das uns als eine Kleinigkeit erscheinen mag, bei Gott ungeheuer schwer wiegen kann. Er urteilt anders als wir. Soll uns das nicht zeigen, wie wenig verlässlich unser Urteil ist, und will uns das nicht Zurückhaltung lehren vor zu schnellem und selbstsicherem Urteilen?

Aber ich kann in diesem Sünder, der so viel Gutes vernichtet, auch mich selbst sehen: Gott hat mir das Leben gegeben. Was habe

---

80 In Sprüche 1,6 steht genau der gleich Ausdruck »Worte der Weisen«.

ich damit angestellt? Dem Eigenwillen und dem Bösen gedient statt Gottes Willen und dem Guten. Gott hat mir *»Worte der Weisheit«*, das Evangelium, gegeben. Was haben ich damit angestellt? Ich habe es abgewiesen. So habe ich das Gute **»vernichtet«**, ungültig gemacht wie die Zeitgenossen des Herrn, die *»in Bezug auf sich selbst den Ratschluss Gottes wirkungslos machten«* (Lk 7,30). Paulus flehte die Korinther an, *»die Gnade Gottes nicht vergeblich«* zu empfangen (2Kor 6,1). Wäre es nicht entsetzlich, müsste ich am Ende meines Lebens sagen, Gott habe mir so viel Gutes gegeben, und ich habe alles nur verschmäht und verdorben?

Kapitel 10

c) Weisheit, in einer verkehrten und schwierigen Welt zu leben (10,1-11)

Unsere Welt wurde gut erschaffen, aber **»tote Fliegen«** haben sie stinkend gemacht (V.1). Die Sünde brachte Tod und Verwesung in den Garten der Wonne. Der Sündenfall hat alles auf den Kopf gestellt, so dass zürnende Herrscher regieren, die Torheit in Würden ist und Fürsten wie Knechte behandelt werden (4-7). Zudem hat die Sünde diese Welt unsicher gemacht; allenthalben lauern Gefahren, selbst wo der Mensch den unschuldigsten täglichen Geschäften nachgeht (8-10). Es sind ihrer zu viele, und sie sind zu unberechenbar, als dass er sich vor ihnen allen je vorbeugend zu schützen wüsste (11). Wer lehrt uns die Weisheit, die es braucht, in einer verkehrten und problembeladenen Welt zu leben?

1 Tote Fliegen machen das Öl des Salbenmischers stinkend und gärend: ein wenig Torheit hat mehr Gewicht als Weisheit und Ehre.

Es war nur **»ein wenig Torheit«**, die genügte, um die Ehre, zu der Gott den Menschen in der Schöpfung erhöht hatte, zu besudeln, ja, sie ihm ganz zu nehmen und ihn in die Schande der Sünde und des Todes zu stürzen. So hatte also in der Tat ein wenig Torheit **»mehr Gewicht als Weisheit und Ehre«**. Ein Sünder genügt, um viel Gutes zu vernichten (9,18).

Je kostbarer etwas ist, desto wertloser macht ein wenig Unrat das Ganze. Wäre der Mensch nicht zu solcher Würde erschaffen worden, wäre die Sünde nicht so tragisch und wäre sein Fall nicht so erschütternd gewesen. Diese Tatsache liegt der Beobachtung *Blaise Pascals* zu Grunde:

> »Alles Elend des Menschen erweist seine Größe. Es ist das Elend eines großen Herrn, das Elend eines entthronten Königs.«

Es mag einer einwenden, dass die Sünde Adams eine Kleinigkeit gewesen sei, eben wie eine kleine Fliege. Ja, wäre Sünde nicht ein Vergehen, das sich gegen Gott richtet, wäre es nicht so groß:

> *»No sin against God can be little, because it is against the great God of heaven and earth; but if the sinner can find out a little God, it may be easy to find out little sins* – Keine Sünde gegen Gott kann klein sein, denn sie ist gegen den großen Gott des Himmels und der Erde; wenn hingegen der Sünder einen kleinen Gott ausfindig machen kann, dann mag er wohl auch kleine Sünden ausfindig machen« (John Bunyan)

2 Das Herz des Weisen ist zu seiner Rechten, und das Herz des Toren zu seiner Linken.
3 Und auch wenn der Tor auf dem Wege wandelt, fehlt ihm der Verstand, und er sagt allen, er sei ein Tor[81].

»Des Weisen Herz ist zu seiner Rechten«: Ob einer ein Weiser oder ein Tor ist, zeigt sich daran, ob er auf sein Herz Acht hat oder nicht. Der Weise nimmt das Herz in die rechte Hand, das heißt, er gibt ihm größere Beachtung als allem anderen: *»Bewahre dein Herz mehr als alles, denn von ihm sind die Ausgänge des Lebens«* (Spr 4,23). Er weiß, dass der Mann, der ein reines Herz hat, glückselig heißt (Mt 5,8). Der Tor nimmt das Herz in die linke Hand, das heißt, dass er dem Schein mehr Gewicht gibt. Ihm ist wichtiger als alles andere, wie er vor andern dasteht. Das war die Torheit der Pharisäer (Lk 11,39-41).

»Und auch wenn der Tor auf dem Wege wandelt«: Manch einer, der im Herzen ein Tor geblieben ist, wandelt auf dem Weg derer, die im Glauben an Jesus Christus unterwegs sind. Er spricht das gute Bekenntnis nach, er wähnt, er sei ein trefflicher Heiliger, weil er die Sprache Kanaans beherrscht und *»die Form der Wahrheit und der Erkenntnis im Gesetz«* kennt (Röm 2,20); er hat zwar *»eine Form der Gott-*

81 Sprüche 14,33b

seligkeit«, aber er verleugnet *»ihre Kraft «* (2Tim 3,5). Früher oder später sagte er **»allen, er sei ein Tor«**, nicht mit einem freimütigen Bekenntnis zwar, aber mit seinen Worten und Werken. Es wird ihm ergehen, wie es allen bloßen Nachahmern der Wege Gottes gegangen ist: *»Sie werden aber nicht weiter fortschreiten, denn ihr Unverstand wird allen offenbar werden, wie auch der von jenen es wurde«* (2Tim 3,9). Das Hebräische lässt aber auch eine andere Deutung zu: Der Tor sagt jedem, der andere sei ein Tor (Luther, Segond, Buber). Das ist ein Merkmal der Toren: Sie trauen allen und jedem jeden Unfug zu, nur sich selbst nicht. Alle anderen sind in ihren Augen Narren, während sie sich selbst für Weise halten. Das ist gemäß Sprüche 26,12 eine Eigenschaft jenes Toren, der in seiner Torheit schon so verstockt ist, dass man für ihn keine Hoffnung auf Änderung mehr haben kann.

4 Wenn der Zorn des Herrschers wider dich aufsteigt, so verlass deine Stelle nicht; denn Gelassenheit[82] verhindert große Sünden.

In einer Welt der Sünde sind oft die **»Herrscher«** zürnende Narren, manchmal blutrünstige Despoten. Der Weise weiß auch diese von Gott auf den Thron gehoben (Röm 13,1) und weiß sich diesen von Gott zur Unterordnung verpflichtet. Darum verlässt er **»(seine) Stelle nicht«**, sondern bleibt auf dem Platz, den Gott ihm gewiesen hat (1Kor 7,20). Aber er bleibt auch in einem anderen Sinn auf seiner Stelle: Da er weiß, dass der Herrscher ein Tor ist und von ihm Irrtum ausgeht (V. 5), lässt er sich von dessen Zürnen und Drohen nicht beeindrucken und in seinen von Gott empfangenen Überzeugungen verunsichern, sondern behält seine Position.

5 Es gibt ein Übel, das ich unter der Sonne gesehen habe, gleich einem Irrtum, welcher von dem Machthaber ausgeht:
6 Die Torheit wird in große Würden eingesetzt, und Reiche sitzen in Niedrigkeit.
7 Ich habe Knechte auf Rossen gesehen, und Fürsten, die wie Knechte zu Fuß gingen.

Diese Umkehr der Werte und Rangordnungen ist **»ein Übel«**. Wer wollte das bestreiten? Die Torheit ist in Würden. Mit staatlichen Ehren bekränzte Gelehrte dozieren von ihren Lehrstühlen handfeste Torheiten, wie etwa den verzweifelten Glauben an die Ewigkeit der Materie und die Ursächlichkeit des Zufalls. So sitzen denn die Knechte ihrer bösen Natur und ihres verfinsterten Denkens auf

82 Sprüche 14,30

hohen Rossen, während wahre Geistesfürsten **»wie Knechte zu Fuß«** gehen. Sei's drum! Nur der Tor wird darüber bitter, ereifert sich und sündigt; aber **»Gelassenheit verhindert große Sünden«** (V.4). Der Weise gibt Gott die Ehre, wartet auf den Tag, an dem Gott alles ins Lot bringen wird, und betet in der Gewissheit dieses kommenden Tages an:

> *»Denn zur Gerechtigkeit wird zurückkehren das Gericht, und alle von Herzen Aufrichtigen werden ihm folgen«* (Ps 94,15).

> *»Denn Gott ist Richter; diesen erniedrigt er, und jenen erhöht er«* (Ps 75,8).

Der Christ hat alle Ursache, bei aller ungerechten Verteilung der Würden und Ehren in dieser Welt gelassen zu bleiben: Sein Herr, der Sohn des Höchsten, der König der Könige, war in dieser Welt ein Knecht der Knechte, den man für nichts achtete (Jes 53,3). Sollten wir, wenn wir bekennen, an ihn zu glauben und ihm nachzufolgen, uns darüber aufregen, dass Gottlose in Ehren sind, während die Gerechten niedergetreten werden?

8 Wer eine Grube gräbt, kann hineinfallen; und wer eine Mauer einreißt, den kann eine Schlange beißen.
9 Wer Steine bricht, kann sich daran verletzen; wer Holz spaltet, kann sich dadurch gefährden.
10 Wenn das Eisen stumpf geworden ist, und er hat die Schneide nicht geschliffen, so muss er seine Kräfte mehr anstrengen; aber die Weisheit ist vorteilhaft, um etwas in Stand zu setzen.
11 Wenn die Schlange beißt, ehe die Beschwörung da ist, so hat der Beschwörer keinen Nutzen.

Das Leben in einer gefallenen Welt birgt Gefahren, vor denen wir uns nicht schützen können. Sollen wir deswegen nichts tun? Nein, wir wollen trotzdem unsere Gruben graben, alte Mauern einreißen, um neue zu errichten, die dazu nötigen Steine brechen und das Holz dazu spalten. Wir sollen das tun, was in unserer Macht ist, und wir sollen die Mittel, die uns der Schöpfer in die Hand gegeben hat, gut nutzen. Nutzen wir sie nicht, ist es unsere eigene Schuld, wenn die Arbeit schwerer und die Mühen größer werden, als sie sein müssten. Hat einer **»die Schneide nicht geschliffen, so muss er seine Kräfte mehr anstrengen«**. Wir sollen dazulernen, wir sollen nachdenken, wir sollen die Mittel optimal einsetzen. Bei alledem dürfen wir aber nicht hochmütig werden und meinen, wir hätten uns und die Umstände unseres Lebens in der Hand; denn: **»Wenn die Schlange«** uns schon gebissen hat, dann nützen die Vorsichtsmaßnahmen nichts mehr. Daraus können wir zweierlei lernen: Erstens, wir bleiben bei aller Umsicht auf die Bewahrung des Schöpfers angewiesen. Zweitens, wir gewinnen nichts, wenn wir uns über schon verschüttete Milch aufregen. Lichtenberg hat dazu ein nettes Bonmot geliefert:

> »Ängstlich zu sinnen und zu denken, was man hätte tun können, ist das Übelste, was man tun kann.«

d) Der Weise und der Tor (10,12-15)

Wurde oben gesagt, dass man den Weisen oder den Toren daran erkennt, wie viel Aufmerksamkeit er seinem Herzen gibt (V.2), dann fährt dieser Abschnitt fort und sagt uns, dass den Weisen und den Toren das über die Lippen kommt, was in ihren Herzen ist; denn *»aus der Fülle des Herzens redet der Mund«* (Mt 12,34).

12 Die Worte im Mund des Weisen sind Gunst, aber die Lippen eines Toren verschlingen ihn[83].
13 Der Anfang der Worte seines Mundes ist Torheit, und das Ende seiner Rede ist schlimmer Unsinn[84].

Es kommt auf **»den Anfang der Worte«** eines Mannes an. Ist der Anfang gut, darf man hoffen, dass das Nachfolgende und das Ende gut sein werden. Hat er damit begonnen, dass er Gott fürchtet und den Schöpfer ehrt, wird er in seinem sittlichen Urteil und in seinen Anschauungen über Sinn und Unsinn des Lebens nicht weit vom Licht und von der Weisheit abdriften. Ist hingegen schon der Anfang seiner Worte Torheit, dann wird diese, je länger er an seinem törichten Anfang festhält, umso krasser, und **»das Ende seiner Rede wird schlimmer Unsinn«** sein. Was der Anfang aller Erkenntnis über Gott, den Menschen und die Welt ist, lehrt uns der erste Satz der Bibel: *»Im Anfang schuf Gott«*. Was der Anfang der Weisheit des Menschen ist, lehrt Salomo in Sprüche 9,10: *»Der An-*

---

83 Sprüche 10,8

84 Sprüche 10,14

fang der Weisheit ist die Furcht des HERRN.« Beginnt der Mensch in seinem Denken mit der Annahme, die Materie sei ewig, die sinnlich wahrnehmbare Welt sei die einzige Welt, die es gibt, dann ist nicht abzusehen, welch unsäglichen Unfug er am Ende glauben und behaupten wird. Hat er einmal die Ohren von der Wahrheit abgekehrt, wird er am Ende hemmungslos jeder Fabel Gehör schenken (2Tim 4,3).

14 Und der Tor macht viele Worte: doch weiß der Mensch nicht, was sein wird; und was nach ihm sein wird, wer wird es ihm kundtun?
15 Die Mühe des Toren macht ihn müde, ihn, der nicht einmal nach der Stadt zu gehen weiß.

»Der Tor macht viele Worte[85]«: Am Unsinn seiner Weisheiten ändern die vielen Worte des Toren nichts, mit denen er ihn zu kaschieren sucht (V.14). Es muss ein jeder vor der Tatsache kapitulieren, dass er nicht weiß, was nach ihm sein wird. Er weiß das Ziel seiner Lebensreise nicht; er weiß nicht einmal, was morgen seiner harrt. Noch viel weniger weiß er, wohin die ganze Menschheit soll. Weiß einer aber nicht einmal Bescheid über das Ziel des Weges, was sind dann seine vielen Worte über den Weg anderes als das Geplärr eines Narren? All **»die Mühe des Toren«**, seine Torheit als Weisheit erscheinen zu lassen, **»macht ihn nur müde«**; er redet viel und lang und breit; dabei weiß er **»nicht einmal nach der Stadt zu gehen«** (V.15). Hätten wir noch Ehrfurcht vor jemandem, der nicht einmal den Weg von Basel nach Zürich findet? Er käme uns wie ein hilfloser Narr vor. Was müssen wir dann aber von der Weisheit eines Menschen halten, der den Weg zu der Stadt nicht zu gehen weiß, nämlich zum eigentlichen Ziel der Lebensreise eines jedes Menschen? Er kennt die Stadt des großen Königs (Mt 5,35) das himmlische Jerusalem, nicht[86]. Er will das wahre und gleichzeitig erhabene Ziel unserer Reise gar nicht kennen. Er ist ein Tor. Was fürchten wir ihn dann? (vgl. 5Mo 18,22)

> *»Die Weisen werden beschämt, bestürzt und gefangen werden; siehe, das Wort des HERRN haben sie verschmäht, und welcherlei Weisheit haben sie?«* (Jer 8,9)

---

85 Das hatten wir bereits in Kapitel 5,3 vernommen: »Der Tor wird laut durch viele Worte.« (Vgl. Sprüche 10,19)

e) Gute und schlechte Regierung (10,16-20)

In diesem Abschnitt wird das Unglück schlechter und das Glück guter Regentschaft beschrieben (V.16.17). Die Folge schlechter Regierung wird genannt: Verfall (V.18). Dann erfahren wir, was ein Hauptmerkmal schlechter Regierung ist: Die Fürsten sind mehr dem Genuss als der Pflicht ergeben (V.19). Wer die häufigen Unterlassungen und mannigfaltigen Missetaten, kurz, die Torheiten der Regenten sieht, ist versucht, mit Torheit zu antworten. Davor warnt der letzte Vers des Abschnittes.

16 Wehe dir, Land, dessen König ein Knabe ist, und dessen Fürsten am Morgen schmausen!

»Ein Knabe« ist jemand, der zu früh König wird. Er ist als Regent eine Plage für ein Land. Es ist ein Zeichen göttlichen Missfallens, wenn solche regieren, die von Natur nicht dazu gesetzt sind, nämlich Frauen und Knaben:

> *»Und ich werde Jünglinge zu ihren Fürsten machen, und Mutwillige sollen über sie herrschen. Mein Volk – seine Bedrücker sind Mutwillige, und Weiber herrschen über dasselbe. Mein Volk, deine Leiter führen irre, und den Weg deiner Pfade haben sie dir entrückt«* (Jes 3,4.12).

Es ist indessen Gott, der solche zu Fürsten macht, um ein undankbares und damit gottloses Volk zu züchtigen. Er ist es, der *»den Niedrigsten der Menschen darüber bestellt«* (Dan 4,14). Wie furchtbar ist es, wenn Sklavenseelen zu Herrschern werden! Salomo sagt an anderer Stelle, dass es zu den vier Dingen gehört, die unerträglich sind:

---

86 *»But all this while, I was not sensible of the danger and evil of sin; I was kept from considering that sin would damn me, what religion soever I followed, unless I was found in Christ. Nay, I never thought of him, nor whether there was one, or no. Thus man, while blind, do wander, but wearieth himself with vanity, for he knoweth not the way to the city of God* - Aber die ganze Zeit war ich mir der Gefahr der Sünde nicht bewusst. Ich wurde davon abgehalten zu bedenken, dass die Sünde meine Verdammnis besiegelte, wenn ich nicht in Christus erfunden wurde. Nein, ich dachte gar nie an ihn, nicht einmal, ob es ihn überhaupt gäbe. So wandert der Mensch, solange er blind ist, und ermüdet sich durch lauter eitle Dinge, denn er kennt den Weg nicht zur Stadt Gottes« (John Bunyan: Grace Abounding to the Chief of Sinners)

»Unter dreien erzittert die Erde, und unter vieren kann sie es nicht aushalten: unter einem Knechte, wenn er König wird, und einem gemeinen Menschen, wenn er satt Brot hat; unter einem unleidlichen Weibe, wenn sie zur Frau genommen wird, und einer Magd, wenn sie ihre Herrin beerbt« (Spr 30,21-23).

Wenn die Fürsten schon **»am Morgen schmausen«**, dann geschieht etwas genau so Unzeitiges, wie wenn einer als Knabe, also schon an seinem Lebensmorgen, König wird.

17 Glücklich, du Land, dessen König ein Sohn der Edlen ist, und dessen Fürsten zu rechter Zeit speisen, als Männer und nicht als Schwelger!

Glücklich ist das Land, das einen König hat, dessen angeborene Natur und anerzogene Art zu seiner Würde und seiner Verantwortung passt[87]; und glücklich ist es, wenn die vom König mit Amt und Vollmacht ausgestatteten Fürsten ihre Stellung nicht missbrauchen, um ihren Lüsten zu dienen, sondern **»zu rechter Zeit speisen«**. Platon hatte gefordert:

»Die Philosophen müssen Könige oder aber die Könige Philosophen werden.«

Es ist in einer Welt wie der unsrigen indessen eine wenig wirklichkeitsnahe Erwartung, dass die Regenten das Gute, das Wahre und das Schöne lieben und nicht den persönlichen Gewinn. Wirklichkeitsnäher ist die Redensart, die aus der Erfahrung eines vom Christentum geprägten Volkes stammt: »Macht korrumpiert, und vollständige Macht korrumpiert vollständig.«[88]

18 Durch Faulenzen senkt sich das Gebälk, und durch Lässigkeit der Hände tropft das Haus.

---

87 Es ist aber nicht jeder, der sich oder den seine Zeitgenossen für einen guten Regenten halten, wirklich zum Regieren berufen: »Was ein Vorzug ist bei einem Schriftsteller, ist beim Politiker manchmal ein Laster, und die gleichen Eigenschaften, die ein großes Buch hervorbringen, können der Wirklichkeit großes Unglück anrichten.« (Alexis de Tocqueville)

88 Es sind die Engländer, die sagen: *»Power corruptus, and complete power currupts completely.«*

Versehen die Beamten ihren Dienst nicht, wird das Gebälk des Staates morsch werden und sich senken. Das ganze Gemeinwesen leidet, wenn sie bestechlich sind, weil ihnen ihre privaten Ambitionen mehr gelten als die Pflicht und damit das Gemeinwohl.

19 Um sich zu belustigen, hält man Mahlzeiten, und Wein[89] erheitert das Leben, und das Geld gewährt alles.

Werden denn die königlichen Beamten aus der königlichen Kasse bezahlt, um sich zu belustigen und sich mit Wein das Leben zu erheitern? Ja, **»das Geld gewährt alles«**, aber es ist nicht redlich verdientes Geld; und es wird für Nichtiges verprasst. Die bedrückten Armen (5,7), die dem König ihre Steuern zahlen, verdenken es den faulen Drohnen; und Gott wird sie an seinem Tage richten (Jak 5, 1-5).

20 Auch in deinen Gedanken fluche dem Könige nicht[90], und in deinen Schlafgemächern fluche nicht dem Reichen; denn die Vögel des Himmels möchten die Stimme entführen und das Geflügelte das Wort anzeigen.

Die Sünde anderer gibt niemandem das Recht zu sündigen. Auch wenn es Böses ist, das mit Bösem vergolten wird, so bleibt es doch böse, weshalb der Apostel lehrt:

> *»Vergeltet niemand Böses mit Bösem«* (Röm 12,17).

Tue ich es aber doch, habe ich mich vom Bösen überwinden lassen und bin schuldig geworden (Röm 12,21). Darum wird der Weise, wenn er wohl die Sünden des Königs und seiner Beamten sieht, diesem nicht fluchen, **»auch in ... Gedanken ... nicht«** – vor Gott schreien nämlich die Gedanken genauso laut wie unsere Worte. Erzürnt er sich aber, wird er selbst schuldig; denn *»eines Mannes Zorn wirkt nicht die Gerechtigkeit Gottes«* (Jak 1,20). Der Weise überlässt das Gericht dem, der gerecht richtet. Und er weiß etwas Besseres, als dem Nächsten böse Worte über eine schlechte Regierung ins Herz zu säen: Erstens betet er für die Regierung (1Tim 2,1-3);

---

89 Psalm 104,15

90 2. Mose 22,27

zudem streut er den Samen eines guten Wortes über eine gute Regierung, nämlich über das Reich Gottes (siehe Apg 8,12; 20,25; 28,31) aus. Davon handelt der nächste Abschnitt.

Kapitel 11

f) Leben im Glauben, säen auf Hoffnung (11,1-6)

Der Weise vertraut dem Schöpfer und Lenker aller Dinge und verankert seine Seele in seinen Werken, das ist im Jenseits und in der Zukunft.[91] Deshalb gleicht er dem Säenden, der hier und jetzt nicht für das Hier und Jetzt handelt, sondern im Glauben, dass aus den weggeworfenen Körnern eine Ernte heranwächst, die Saatkörner aus der Hand gibt, statt sie für sich zu behalten. Das ist die einzige als weise zu bezeichnende Antwort auf die Beobachtung, dass wir in einer verkehrten und schwierigen Welt leben (10,1-20). Der Tor sieht, wie unsicher alles ist und sucht daher, sich und seinen Besitz möglichst zu sichern. Der Weise schließt aus der gleichen Beobachtung das Entgegengesetzte: Da er sieht, wie unsicher die Welt und aller weltlicher Gewinn ist (1Tim 6,17), gibt er her, was er hat, anstatt zu horten, was er am Ende doch nicht behalten kann. Der Weise handelt heute mit dem Blick auf die Ernte von morgen und hat hier eine überraschende Antwort auf die Frage gefunden, die ganz zu Beginn des Buches gestellt wurde: *»Welchen Gewinn hat der Mensch bei all seiner Mühe, womit er sich abmüht unter der Sonne?«* (1,3). – Der Weise gewinnt, indem er verliert, gewinnt, indem er weggibt (Spr 11,24.25; Mt 16,25).

Die Aufforderungen dieser Verse sind überdies eine erneuerte Absage an den Fatalismus der Gottlosen (vgl. 9,4.5).

1 Wirf dein Brot hin auf die Fläche der Wasser, denn nach vielen Tagen wirst du es finden.

---

91 »Nachdem Salomo unter den verschiedenen Eitelkeiten auch jene dargelegt hat, die darin besteht, dass man Reichtümer für sich aufhäuft, lehrt er uns nun, dass es sowohl zu unserem Nutzen als auch unsere Pflicht ist, den Besitz nicht zu horten, sondern herzugeben. Nachdem er uns gelehrt hat, wie wir die irdischen Dinge uns zu Freude und Nutzen gebrauchen sollen, zeigt er uns hier, wie wir sie am besten zu unserem zukünftigen und höheren Gewinn verwenden können.« (Matthew Poole; siehe auch Lukas 16,9)

»Wirf dein Brot hin«: Gemeint ist der Weizen, der auch an anderer Stelle **»Brot«** heißt (Hi 28,5; Jes 28,28). Diesen sollen wir **»auf die Fläche der Wasser«** werfen, das ist säen, wenn die Äcker, vom Frühregen bewässert, bereit sind, den Samen zu empfangen. Oder aber **»Brot«** steht für alles, was der Mensch zum Leben braucht. Hat Gott einem viel Besitz in die Hand gelegt, dann dazu, dass er seine Hand dem Armen auftue (5Mo 15,10.11) und reich sei *»in guten Werken, freigebig, mitteilsam«* (1Tim 6,18). Damit wird uns hier die zweite Richtung gezeigt, in die der Weise blickt. Wiederholt ist uns in diesem Buch gesagt worden, dass er hinaufblickt zu Gott und dankbar alles aus seiner Hand nimmt. Hier sehen wir, dass er auch hinausblickt zum Nächsten und dessen Wohl sucht. Wie im Ersten so liegt auch im Zweiten der Schlüssel zu einem glücklichen Leben. Diese doppelte Blickrichtung hat im übrigen bereits das Gesetz gelehrt: *»Du sollst den Herrn, deinen Gott, lieben mit deinem ganzen Herzen und mit deiner ganzen Seele und mit deinem ganzen Verstande. Dieses ist das große und erste Gebot. Das zweite aber, ihm gleiche, ist: Du sollst deinen Nächsten lieben wie dich selbst. An diesen zwei Geboten hängt das ganze Gesetz und die Propheten«* (Mt 22,37-40).[92]

Die Wasser stehen in der Schrift auch für die großen Scharen der Menschen und Völker dieser Erde (Offb 17,15). Unter ihnen sollen wir den Samen des Wortes Gottes aussäen, wie der Sämann im Gleichnis (Mt 13).

»nach vielen Tagen wirst du es finden«: Wir verlieren beim Säen zunächst und bleiben lange ohne Lohn. Wir geben das Saatgut aus der Hand und können vielleicht weniger essen, als uns lieb ist. Aber es wird im Verborgenen eine Ernte heranwachsen und manches ans Licht schießen, das wir nicht einmal erwartet hatten: *»Lasst uns aber im Gutestun nicht müde werden, denn zu seiner Zeit werden wir ernten, wenn wir nicht ermatten«* (Gal 6,9). Was wir Gutes getan haben, sei es einem Jünger, sei es einem armen Sünder, *»es wird dir vergolten werden in der Auferstehung der Gerechten«* (Lk 14,14; Mt 10,42).

---

92 Diese beiden Gebote bestimmten auch den Kurs, den der Apostel Paulus sein ganzes Leben einhielt. Er suchte als Erstes in allem die Ehre Gottes: »Ihm sei die Herrlichkeit!« Und er suchte als Zweites in allem das Wohl der Brüder: »Die Gnade sei mit euch!« (2Tim 4,18.22). Es sind dies die beiden letzten Wünsche, die der Apostel vor seinem Hinscheiden ausspricht. Sie fassen sein gesamtes Leben zusammen.

2 Gib einen Teil an sieben, ja, sogar an acht; denn du weißt nicht, was für Unglück sich auf der Erde ereignen wird.
3 Wenn die Wolken voller Regen sind, so entleeren sie sich auf die Erde; und wenn ein Baum nach Süden oder nach Norden fällt: an dem Orte, wo der Baum fällt, da bleibt er liegen.

»Gib einen Teil an sieben, ja, sogar an acht«: Sei großzügig mit dem Saatgut; säe es in alle Winde und in alle Herzen. Öffne deine Hand dem Dürftigen, rede zum Herzen des Betrübten (Spr 11,24-26). Zähle dein Geld, zähle deinen Besitz, zähle deinen Aufwand nicht so genau. Ob du drei oder vier Goldstücke weggegeben, sechs oder sieben Meilen gegangen bist, was tut's? Hauptsache du hast dich, deine Zeit und deinen Besitz nicht für dich behalten.

»denn du weißt nicht, was für Unglück sich auf der Erde ereignen wird«: Wir haben nicht unbeschränkt Zeit, den Samen des Wortes Gottes auszustreuen, denn der Herr kommt an einem Tag, den wir nicht wissen. Und wir wissen nicht, wie lange unser Nachbar noch lebt. Vielleicht fordert Gott diese Nacht schon seine Seele. Darum verkündige ihm heute noch das Evangelium!

Ist das Leben ungewiss und aller Reichtum unsicher, ist es töricht, den Besitz zu horten. Denn was nützt alles Geld und Gut, wenn ich morgen durch ein Unglück hinweggerafft werde? Also gebe ich von meinem Besitzt lieber großzügig her. So kann er an manchen Orten Gutes tun. So zwinge ich den Mammon, mein Freund und Diener zu sein (Lk 16,9). Oder sollen etwa wir seine Sklaven sein?

Der Vers 3 ist genau parallel zum Vers 2 konstruiert. Wir wollen von unserem Besitz großzügig austeilen, so wie die Wolken, wenn sie voll Wassers sind, dieses nicht zurückhalten, sondern segenspendend auf die Erde fallen lassen. Und wir wissen nicht, wann das Unglück uns oder unseren Nachbarn wegrafft. Der Baum fällt plötzlich, und **»an dem Orte, wo der Baum fällt, da bleibt er liegen«**. Hat der Sünder sein Leben beendet, ändert sich an seinem Zustand nichts mehr. Aber so lange uns das Licht der Sonne noch scheint und die Wolken über unserem Haupt dahinfahren, ist Hoffnung. Wenn sie **»voller Regen sind, so entleeren sie sich auf die Erde«** und tränken die Saat und lassen die köstliche Frucht wachsen.

4 Wer auf den Wind achtet, wird nicht säen, und wer auf die Wolken sieht, wird nicht ernten.

Starren wir beständig auf die Wolken, um aus ihren Bewegungen herauszulesen, ob jetzt günstige Zeit zum säen sei oder nicht, werden wir die gute Zeit ganz sicher verpassen. Und dann werden wir in der Ernte auch Korn begehren, aber nichts ist da (Spr 20,4). Die gute Zeit ist nämlich jetzt; und jetzt ist immer. Darum sagt der scheidende Apostel seinem Mitarbeiter Timotheus:

> *»Predige das Wort, halte darauf in gelegener und ungelegener Zeit; überführe, strafe, ermahne mit aller Langmut und Lehre«* (2Tim 4,2).

Säen wir aber nicht, werden wir nicht ernten; säen wir hingegen reichlich, werden wir reichlich ernten:

> *»Wer sparsam sät, wird auch sparsam ernten, und wer segensreich sät, wird auch segensreich ernten«* (2Kor 9,6).

5 Gleichwie du nicht weißt, welches der Weg des Windes ist, wie die Gebeine in dem Leibe der Schwangeren sich bilden, ebenso weißt du das Werk Gottes nicht, der alles wirkt.
6 Am Morgen säe deinen Samen, und des Abends ziehe deine Hand nicht ab[93]; denn du weißt nicht, welches gedeihen wird: ob dieses oder jenes, oder ob beides zugleich gut werden wird.

Wer kann außer Acht lassen, dass der Menschensohn in genau gleicher Weise von Saat und Ernte und von Wind und Geburt sprach wie Salomo (Mt 13; Joh 3)? Das gibt uns den Fingerzeig, dass wir die Worte Salomos nicht allein auf die natürliche, sondern auch auf die geistliche Welt anwenden sollen.

»Gleichwie du nicht weißt, welches der Weg des Windes ist«: Wir vermögen nicht zu ergründen, wie der Geist Gottes wirkt und einen Sünder zur neuen Geburt bringt: *»Der Wind weht, wo er will, und du hörst sein Sausen, aber du weißt nicht, woher er kommt und wohin er geht; also ist jeder, der aus dem Geiste geboren ist«* (Joh 3,8). Ebenso wenig wissen wir **»wie die Gebeine in dem Leibe der Schwangeren sich bilden«**. Wir erkennen nicht, wann und wie der

93 2. Timotheus 4,2

Same des Wortes Gottes sich mit dem Geist eines Menschen verschmolzen und einen neuen Menschen gezeugt hat (1Petr 1,23). Ist die natürliche Schöpfung für uns schon so voller Wunder und Rätsel, dass jede Antwort auf eine gestellte Frage eine neue und schwerere weckt, dann gilt das noch viel mehr für die geistliche Neuschöpfung. Wir verstehen hier noch viel weniger **»das Werk Gottes, der alles wirkt«**. Vor den Wundern der Vorkenntnis, Erwählung, Berufung, Rechtfertigung und Verherrlichung stehen wir anbetend still, wie damals Elieser bei der Tränke: *»Und der Mann sah ihr staunend zu und schwieg«* (1Mo 24,21).

Davor stehen wir still; aber wir bleiben nicht stille stehen. Gott hat uns einen Auftrag gegeben: **»Am Morgen säe deinen Samen.«** Ja, Gott ist es, der **»alles wirkt«**. Er erwählt, er beruft, er rettet und er vollendet. Zögen wir daraus den Schluss, dass wir in diesem Falle nichts zu tun hätten, betrögen wir uns selbst und, was noch schlimmer ist, widersprächen wir Gott. Denn er hat uns befohlen, den Samen zu säen. Er hat uns das Mittel in die Hand gegeben, das er verwendet, um neues Leben zu zeugen. Wehe uns, wenn wir das Mittel nicht einsetzen! *»Wehe mir, wenn ich das Evangelium nicht verkündige!«* (1Kor 9,16). Wie groß ist die Bosheit, wenn wir Gott widersprechen und uns seinem Befehl verweigern, und wie groß ist die Torheit dazu! Der Gott, der das Ende einer Sache verordnet, verordnet auch den Weg, auf dem dieses Ende erreicht wird. Hat Gott materiellen Segen verordnet, dann hat er vor den Segen auch den Fleiß verordnet. Hat Gott Leben verordnet, dann hat er vor das Leben den Glauben verordnet. Hat er aber Glauben verordnet, dann hat er vor den Glauben die Predigt verordnet. Glauben wir an Gottes ewige Erwählung und an die unfehlbare Verwirklichung all dessen, was er sich vorgesetzt hat, dann glauben wir auch an den von ihm bestimmten Weg, auf dem ein jeder dieses Ziel erreichen muss:

> *»Denn die Schrift sagt: Jeder, der an ihn glaubt, wird nicht zuschanden werden. Denn es ist kein Unterschied zwischen Jude und Grieche, denn derselbe Herr von allen ist reich für alle, die ihn anrufen; denn jeder, der irgend den Namen des Herrn anrufen wird, wird errettet werden. Wie werden sie nun den anrufen, an welchen sie nicht geglaubt haben? Wie aber werden sie an den glauben, von welchem sie nicht gehört haben? Wie aber werden sie hören ohne einen Prediger? Wie aber werden sie predigen, wenn sie nicht gesandt sind? Wie geschrieben steht: Wie lieblich sind die Füße derer, welche das Evangelium des Friedens verkündigen, welche das Evangelium des Guten verkündigen!«* (Röm 10,11-15)

In bewunderungswürdiger Manier hat uns hier der Apostel vor Augen geführt, wie ein jedes Glied der Kette, die von Gott ausgeht und darum sicher zu Gott führt, an seinem Platz sein muss. Zum Vorsatz Gottes gehört nicht nur der Anfang, den Gott setzt, und das Ziel, das er bestimmt, sondern ebenso die Wegstrecke, die dazwischen liegt. Wie groß ist dann aber die Narrheit dessen, der sagt: Gott wird seine Erwählten so oder anders retten; das kann ich weder hindern noch fördern, und darum brauche ich das Evangelium nicht zu verkündigen.

Will der Bauer im Herbst eine Ernte einfahren? Hat Gott ihm eine Ernte verheißen? Ja, das hat Er. Aber er hat vor die Ernte Pflügen und Säen verordnet. Wer beschreibt die Torheit des Bauern, der sich auf den Anfang und das Ende der göttlichen Verheißungen beruft, die Hände in den Schoß legt und auf eine reiche Ernte wartet?

Gott hat uns nicht allein das Wissen über das Woher und Wie des Windes vorenthalten[94] (V.5), sondern uns auch nicht zu wissen gegeben, **»welches gedeihen wird: ob dieses oder jenes, oder ob beides zugleich gut werden wird«**. Er weiß, warum er uns dieses Wissen verborgen hat. Was die Gründe auch sein mögen: Uns genügt sein Befehl. Darum predigen wir das Evangelium allen Menschen in der ganzen Schöpfung (Mk 16,15) zur Zeit und zur Unzeit. Wir werfen Samen aus, wir streuen in die Herzen, wir wässern durch Gebet, wir säen weiter, und wir beten weiter. Alles übrige überlassen wir einem mächtigen Schöpfer und gnädigen Retter.

g) Rat (11,7-8)

7-8 Und süß[95] ist das Licht und wohltuend den Augen, die Sonne zu sehen. Denn wenn der Mensch auch viele Jahre lebt, möge er in ihnen allen sich freuen und der Tage der Finsternis[96] gedenken, dass ihrer viele sein werden: alles, was kommt, ist Eitelkeit.

---

94 Dass Winde durch Druckgefälle in der Atmosphäre entstehen, wissen wir zwar, aber warum sich die Druckunterschiede langfristig nicht ausgleichen, gibt uns noch immer Rätsel auf. So kennen wir aber auch heute noch nicht die wirkliche Ursache der Winde. Geographen sagen uns, Monsun und Passatwinde gehörten zu den großen unerklärlichen Phänomenen des Klimas.

95 Hohelied 2,3

96 Hiob 10,21; Psalm 88,13

»Das Licht« ist das Licht der Sonne; es ist hier der Platzhalter für das Leben im Diesseits. Entsprechend ist die **»Finsternis«** das Gegenteil des Lebens im Licht der Sonne, also das Jenseits. Während wir auf Erden leben, können wir uns eines jeden Tages desto besser freuen, je klarer uns die Ewigkeit vor Augen steht. Das Leben ist kurz, die Ewigkeit ist lang. Wenn wir das richtig bedenken, lehrt es uns die Weisheit, alle noch ausstehenden Lebensjahre richtig einzuschätzen: **»Alles, was kommt, ist Eitelkeit.«** Das glaubt so mancher junge Mensch nicht; er hat ungeheure Erwartungen an das Leben, die aber alle ohne Ausnahme enttäuscht werden müssen. Auch die Mannesjahre sind nicht das, was der Jüngling in seinem Wahn erträumt; beides: *»die Jugend und das Mannesalter sind Eitelkeit«* (V. 10).

Was ist mein ganzes Wesen
von meiner Jugend an
Als Müh und Not gewesen,
So lang ich denken kann?

(Paul Gerhardt)

9. Jugend und Alter (11,9 - 12,8)

a) Rat (11,9)
b) Gedenke deines Schöpfers in den Tagen deiner Jugend (11,10-12,8)

a) Rat (11,9)

9 Freue dich, Jüngling, in deiner Jugend, und dein Herz mache dich fröhlich in den Tagen deiner Jugendzeit[97], und wandle in den Wegen deines Herzens und im Anschauen deiner Augen; doch wisse, dass um dies alles Gott dich ins Gericht bringen wird.

In 6,12 stellten wir bereits fest, dass der Mensch wissen muss, was nach ihm kommt, um in diesem Leben das zu finden, was ihm gut ist. Hier wiederholt der von Gott gelehrte Lehrer die gleiche Wahr-

97 Vgl. Jeremia 2,2; 22,21

heit: Der junge Mensch wird sich dann seiner Jugend freuen können, und sein Herz wird unbeschwerte Fröhlichkeit finden, wenn er im Wissen um den ewigen Gott und mit dem großen Tag Gottes vor Augen durch die vergängliche Welt geht. Die Seele, die in der Ewigkeit verankert ist, wird schon in der Zeit die glücklichste Seele sein. Salomo meint seine Aufforderung also ganz ernst, nicht etwa ironisch, als ob er sagte: »Hau nur tüchtig auf den Putz, aber warte nur, das dicke Ende kommt noch!« Nein, er sagt: **»Freue dich ... und wisse ...«**. Gott hat uns das Leben gegeben und uns in diese Welt gestellt, damit wir uns des Lebens und aller Werke Gottes freuen.

Die Elberfelder hat das hebräische *we* mit »doch« übersetzt, was möglich ist, aber das näherliegende **»und wisse«** trifft den Sinn von Salomos Aussage besser. Hier hat es Luther wieder sehr gut getroffen (siehe auch Buber).

b) Gedenke deines Schöpfers in den Tagen deiner Jugend (11,10 - 12,8)

Je früher wir Gott zu fürchten lernen, desto glücklicher wird unser Leben sein. Gerade im Alter, wenn die Kräfte weichen und die Sinne nachlassen (V. 2-5a), werden wir den starken Gott und seine ewigen Arme unter uns brauchen, und werden wir noch mehr einen höheren Genuss als alle sinnlichen Freuden brauchen. Dann werden wir in Frieden den Weg zu unserem *»ewigen Hause«* gehen können (V. 5b-7).

10 Und entferne den Unmut aus deinem Herzen, und tue das Übel von deinem Leibe weg; denn die Jugend und das Mannesalter sind Eitelkeit.

»Entferne den Unmut aus deinem Herzen«: Eine dankbare Seele ist eine glückliche Seele. Wer hingegen unwillig wird über Gottes Fügen und murrt, weil er nicht bekommt, was er zu brauchen meint, quält sich selbst und tränkt sich mit eigener Hand Galle ein (vgl. 7,9).

»und tue das Übel von deinem Leibe weg«: Reinheit ist das Geheimnis tiefer, durch nichts getrübter Freude. Glücklich der Jugendliche, der das glaubt, glücklich der Jugendliche, der danach lebt! Der Wein der Freude wurde aus jenem Wasser bereitet, das zur Reinigung bereitstand (Joh 2,6). Dass wir es glaubten, dass ein für Gott abgesondertes, ein reines Leben ein Leben immensen Glücks ist.

Es ist bemerkenswert, dass Salomo gerade diese zwei Dinge als Garanten für eine glückliche Jugend nennt, ein gefügiges, dankbares Gemüt und die Reinheit des Leibes. Bekanntlich gab die Jugendrevolte des Jahre 1968 die beiden entgegengesetzten Parolen heraus: Auflehnung – man nannte es damals meistens »Protest« – und sexuelle Verunreinigung wurden als Schlüssel zum Lebensglück angepriesen. Wer das glaubte, war bald ausgebrannt und leer wie Silvesterraketen am Neujahrsmorgen.

»denn die Jugend und das Mannesalter sind Eitelkeit«: Ist das ein pessimistisches Wort, das dem Jüngling Wermut in seinen schäumenden Lebenskelch träufeln will? Im Gegenteil: Wer seinen Anker in der Ewigkeit versenkt hat, geht herrlich unbelastet durch die Tage der Jugend und des Mannesalters, des Ehrgeizes ledig, der so manchen Sünder auffrisst, frei von den Sorgen um Vergnügen und Reichtum, die den Gottlosen nie in Ruhe lassen, frei auch von der Angst, er könnte etwas verpassen und die Jugend verschlafen. Da er um einen treuen Schöpfer weiß, der ihm nicht nur das Leben gegeben hat, sondern es ihm auch ausfüllt, hat er den Rücken frei, all das Gute unbeschwert zu kosten, das ihm Gott darreicht zum Genuss (1Tim 6,17). Folgt er aber dem Drängen seiner Natur und hält er sich an den bösen Rat unserer Philosophen, das Hier und das Jetzt sei alles, wird das Leben ihn zuerst täuschen und dann enttäuschen und am Ende erdrücken. Wer will behaupten, Nietzsche sei eine unbeschwerte, eine helle Seele gewesen? Er hatte getreu seiner Zarathustra in den Mund gelegten Maxime gelebt:

> »Ich beschwöre euch, meine Brüder, bleibet der Erde treu und glaubt denen nicht, welche euch von überirdischen Hoffnungen reden.«

Das Leben brachte ihn um.

Kapitel 12

1 Und gedenke deines Schöpfers in den Tagen deiner Jugendzeit, ehe die Tage des Übels kommen, und die Jahre herannahen, von welchen du sagen wirst: Ich habe kein Gefallen an ihnen;

»Gedenke deines Schöpfers in den Tagen deiner Jugendzeit«: Diese Aufforderung ergibt sich ganz organisch aus der eben gemachten Aussage, die Jugend und das Mannesalter sei Eitelkeit. Die Einsicht, dass die Jugend für sich genommen eine hohle Sache ist, lehrt den jungen Menschen, etwas Höheres und etwas Bleibendes zu suchen, nämlich seinen Schöpfer. Den Schöpfer zu suchen und zu fürchten, ist nicht allein der Schlüssel zu wahrem Glück, sondern es ist vor allem das Richtige und Gerechteste was ein junger Mensch tun kann.[98] Wenn wir dem Schöpfer das Leben verdanken, dann ist es nicht mehr als recht, dass wir ihm dafür danken. Umgekehrt ist es sehr hässlich, ja, sehr böse, das Leben an sich zu reißen und allein für sich genießen zu wollen, als hätten wir es uns selbst gegeben.

2 ehe sich verfinstern die Sonne und das Licht, und der Mond und die Sterne, und die Wolken nach dem Regen wiederkehren;

»ehe sich verfinstern die Sonne und das Licht«: Auf den Abend hin verfinstert sich das Licht; es ist nicht so, wie es ein weitverbreitetes Vorurteil haben will, dass der Mensch auf das Alter hin zur Gottesfurcht neigt. Es ist umgekehrt; je älter der Mensch wird, desto schwerer wird es ihm, sich noch vor dem Schöpfer zu demütigen. Der angejahrte Stolz hat sich so in seine Seele gefressen, dass er ihn kaum mehr überwinden kann. Er kann sich nicht mehr beugen. Er kann das Licht der Sonne auch nicht mehr wahrnehmen; es ist zu schwach geworden für seine vom Star verschleierten Augen.

---

98 *George Whitefield*, der sich als junger Mann seinem Gott zum Dienst hingab, sagte in einer Predigt, die er in London vor jungen Menschen hielt, über diesen Vers: »Wie! So wollt ihr die Liebe eures Retters vergelten? Das sei ferne von euch! Kam er hernieder und vergoss sein Blut zur Erlösung von euren Sünden, damit ihr eure jugendliche Kraft in ihnen verbrauchtet, um an Christus und an Dienst in seiner Sache erst zu denken, wenn ihr euren Lüsten nicht mehr zu folgen vermögt? Wollt ihr nicht aufstehen wie ein Pinehas und eifern für den Herrn der Heerscharen? Können wir uns den jungen Samuel jetzt nicht vorstellen, wie er sich freut, dass er schon so früh im Tempel des Herrn diente? Oder den jungen Timotheus, der von Kind auf die Heiligen Schriften kannte? Wenn du nun an ihrer Freude teilhaben willst, dann rate ich dir, auch an ihrer Frömmigkeit teilzuhaben.«

3 an dem Tage, da die Hüter des Hauses zittern und sich krümmen die starken Männer und die Müllerinnen feiern, weil ihrer wenig geworden, und sich verfinstern die durch die Fenster Sehenden,
4 und die Türen nach der Straße geschlossen werden; indem das Geräusch der Mühle dumpf wird und er aufsteht bei der Stimme des Vogels und gedämpft werden alle Töchter des Gesanges.
5 Auch fürchten sie sich vor der Höhe, und Schrecknisse sind auf dem Wege; und der Mandelbaum steht in Blüte, und die Heuschrecke schleppt sich hin, und die Kaper ist wirkungslos. Denn der Mensch geht hin zu seinem ewigen Hause, und die Klagenden ziehen umher auf der Straße;

Denken wir in der Jugend an unseren Schöpfer, haben wir im Alter den Beistand des Gottes allen Trostes. Haben wir aber diesen Trost nicht, ist das Alter nur noch eine Bürde. Alle Geschäfte werden beschwerlich und die Sinne können uns nur noch schwache Freuden gewähren. Wie elend ist dann aber der Mensch, der nie die Wonne an Gott kennen gelernt hat, der nicht weiß, was es heißt, sich in dem Herrn zu freuen (Phil 4,4). Und ohne die Gewissheit der Vergebung und des ewigen Lebens dem Ende entgegensehen zu müssen, ist schlimm.

Die **»Hüter des Hauses«**, die zittern, sind die Hände des Greises, **»die starken Männer«** seine krummen Beine, **»die Müllerinnen«**, deren wenige geworden sind, die spärlichen Zähne; **»die durch die Fenster Sehenden«**, sind die schwach gewordenen Augen, und die **»nach der Straße geschlossenen«** Türen sind die fast tauben Ohren. Dem Greis ist jede Anhöhe ein Schrecken, jeder kurze Weg aus dem Haus voller Gefahren.

»und der Mandelbaum steht in Blüte«: Der blühende Mandelbaum gemahnt an das bald kommende Gericht. Sein Name ist auf Hebräisch *schaqed*, das bedeutet »der Wachsame« (vgl. Jer 1,11.12). Gott selbst wacht darüber, dass alle seine Worte – seien sie zum Leben, seien sie zum Tod – in Erfüllung gehen. Blüht der Mandelbaum, dann wissen wir: Die Ewigkeit steht vor der Tür.[99]

»die Heuschrecke schleppt sich dahin«: Vielleicht sollten wir Louis Segond folgen: »... *la sauterelle devient pesante* – die Heuschrecke wird schwer«. Dem alten Menschen ist selbst eine Heuschrecke zu schwer. Oder der alte Mensch selbst ist die Heuschrecke. Einst war er ein junger Springinsfeld gewesen, vor dem

99 Der weiß blühende Mandelbaum kann auch ein Hinweis auf das weiße Haar des alten Menschen sein.

die Leute zurücktraten; nun aber schleppt er sich Schritt für Schritt langsam durch die Gegend und wird von Jüngeren beiseite geschoben (Ps 109,23).

> Was itzund prächtig blüht, soll bald zutreten werden.
> Was itzt so pocht und trotzt, ist morgen Asch und Bein.
> Nichts ist, das ewig sei, kein Erz, kein Marmorstein.
> Itzt lacht das Glück uns an, bald donnern die Beschwerden.
>
> (Andreas Gryphius, 1616-1664)

6 ehe zerrissen wird die silberne Schnur und zertrümmert die goldene Schale und zerbrochen der Eimer am Quell und zerschlagen die Schöpfwelle an der Zisterne;
7 und der Staub zur Erde zurückkehrt[100], so wie er gewesen, und der Geist zu Gott zurückkehrt, der ihn gegeben hat.

»die Silberne Schnur« ist der Lebensfaden, der darum silbern heißt, weil für den Menschen noch Hoffnung auf die ewige Erlösung ist, solange er lebt. Ist sie aber zerrissen, ist jede Hoffnung dahin. Die **»goldene Schale«** ist der Leib des Menschen, das Gefäß seiner Persönlichkeit. Wohl ist er aus Staub und wird wieder zu Staub, und doch heißt die Schale eine goldene, weil sie eine Menschenseele, etwas unendlich Wertvolles, beherbergt. Ist sie aber zertrümmert, hat die Seele den Leib verlassen und ihren ewigen Aufenthaltsort aufgesucht. Ist **»zerbrochen der Eimer am Quell«**, ist er nutzlos geworden. Der Mensch hat seine Arbeit getan; er muss jetzt gehen. Gott hat für ihn nichts mehr zu tun auf dieser Erde. Wie eitel ist dann aber das Leben, wenn das alles gewesen sein sollte! Wie glücklich sind wir aber, wenn wir wie ein Paul Gerhardt am Abend, wenn wir von der Arbeit müde sind, jedesmal daran denken dürfen, dass wir, nachdem wir, vom Leben müde, entschlafen sind, auferstehen und dann dort sein werden, wo es keine Müdigkeit, kein Altern und Sterben gibt:

> Der Tag ist nun vergangen,
> Die güldnen Sternlein prangen
> Am blauen Himmelssaal.
> So, so werd ich auch stehen,
> Wann mich wird heißen gehen
> Mein Gott aus diesem Jammertal.

---

100 Psalm 90,3

Der Leib, der eilt zur Ruhe,
Legt Kleider ab und Schuhe,
Das Bild der Sterblichkeit.
Die zieh ich aus, dagegen
Wird Christus mir anlegen
Den Rock der Ehr und Herrlichkeit

Das Haupt, die Füß und Hände
Sind froh, dass nun zum Ende
Die Arbeit kommen sei.
Herz, freu dich: Du sollst werden
Vom Elend dieser Erden
Und von der Sünden Arbeit frei.

Nun geht, ihr matten Glieder,
Geht, geht und legt euch nieder,
Der Betten ihr begehrt.
Es kommen Stund und Zeiten,
Da man euch wird bereiten
Zur Ruh ein Bettlein in der Erd.

»und der Staub zur Erde zurückkehrt«: Zweimal hat Mose einen fast identischen Satz geschrieben; einmal im Schöpfungsbericht (1Mo 3,19), dann im einzigen von ihm verfassten Psalm. Dort sagt er:

> *»Du lässest zum Staube zurückkehren den Menschen, und sprichst: Kehret zurück, ihr Menschenkinder!«* (Ps 90,3)

»und der Geist zurückkehrt zu Gott, der ihn gegeben hat«: Vom Geist sagt Salomo, dass Gott ihn gegeben hat, vom Leib sagt er es nicht, wiewohl das auch wahr ist. Damit unterstreicht der von Gott gelehrte Lehrer den Vorrang des Geistes vor dem Leib. Der Mensch kehrt dem Leibe nach zum Staub zurück, aus dem er gemacht, dem Geiste nach zu Gott, der ihn erschaffen hat. Alle müssen vor Gott erscheinen, die einen zum Gericht, die andern zum Leben (Joh 5,29). Sie müssen sich und ihr Leben vor dem verantworten, der es ihnen **»gegeben hat«**. Der Gedanke ist uns zu hoch, als dass wir ihn griffen, und zu ernst, als dass wir ihn ertrügen. Der Glaubende hat etwas vom ewigen Gewicht dieser Wahrheit erfasst. Es ist sehr wenig, aber doch so viel, dass er daraus gelernt hat, Gott zu fürchten und die Ewigkeit über die Zeit zu stellen.

8 Eitelkeit der Eitelkeiten! spricht der Prediger; alles ist Eitelkeit!

Mit diesem Satz hatte Salomo seine Predigt eröffnet. Nachdem er die Wahrheit seiner Behauptung ausführlich erörtert und mit zahlreichen Beispielen veranschaulicht hat, kann er zum Schluss seine These bestätigen. Es ist wirklich alles eitel. Nichts bleibt, nichts ist von wirklichem Wert, alles vergeht. Das ist aber nicht das letzte Wort, das der göttlich weise Lehrer zu sagen weiß. Sondern er zieht aus dieser Einsicht die einzig vernünftige Schlussfolgerung:

Schlusswort (12,9-14)

9 Und darüber hinaus, dass der Prediger weise war, lehrte er noch das Volk Erkenntnis und erwog und forschte, verfasste viele Sprüche[101].

»lehrte er noch das Volk Erkenntnis«: Er tat selbst, wozu er in 11,1 aufgefordert hatte. Er behielt das Korn nicht für sich, sondern er teilte es nach allen Seiten aus. Mit seinem »Prediger« hat Salomo zum Amt zurückgefunden, das er als König und Hirte dem Volk schuldet: es Weisheit zu lehren, wie er es im Buch der Sprüche getan hatte, und er tat das, indem er ein Buch publizierte. Das war notwendig; denn Salomos Sünde war auch vor aller Augen geschehen, weshalb es nicht genügte, dass er Gott seine Torheiten bekannte und damit wiederhergestellt wurde. Nein, wenn seine Sünde vor allem Volk geschehen war, musste auch die Buße und Predigt, die auf sie folgte, vor allem Volk geschehen, »so dass das Heilmittel gleich umfassend wirken konnte wie zuvor das Gift« (Matthew Henry).

10 Der Prediger suchte angenehme Worte zu finden; und das Geschriebene ist richtig, Worte der Wahrheit.

101 1. Könige 5,12

Während er lehrte, **»suchte er angenehme Worte zu finden«**. Er mühte sich, so zu reden, dass man ihn verstand und dass man ihn gerne hörte. Er wusste ja:

> *»Wer weisen Herzens ist, wird verständig genannt; und Süßigkeit der Lippen mehrt die Lehre... Das Herz des Weisen gibt seinem Munde Einsicht und mehrt auf seinen Lippen die Lehre«* (Sprüche 16,21.23).

War es Liebe zum Nächsten, die ihn drängte, ihn zu lehren, dann war es abermals Liebe zu seinem Volk, die ihn trieb, angenehme Worte zu suchen. So konnte er seine Lehren in ein schönes Gewand kleiden, aber wichtiger als das schöne Gewand war der Gehalt, waren die **»Worte der Wahrheit«**. Nachdem wir Salomos Buch studiert haben, müssen wir bekennen, dass wir von seinen Worten überzeugt sind. Es ist jedes Wort richtig, es ist jedes Wort wahr, aber mehr noch: Es hat ein jedes Wort jene Kraft, die allein die Wahrheit Gottes haben kann. Es schneidet wie ein Schwert (Hebr 4,12), und es sticht wie ein Ochsenstachel:

11 Die Worte der Weisen sind wie Treibstacheln und wie eingeschlagene Nägel die gesammelten[102] Sprüche; sie sind gegeben von einem Hirten.

Die Worte der Weisen sind **»Treibstacheln«** in der Hand des **»einen Hirten«**. Der israelitische Bauer hatte beim Pflügen einen spitzen Stock, mit dem er die Ochsen entweder von links oder von rechts in die Seite stach, wenn sie den geraden Weg verlassen wollten. Mit diesem Treibstachel sticht er die Widerspenstigen so lange in die Seite, bis sie müde werden, wider den Stachel auszuschlagen (Apg 26,14) und sich ihrem Gott und Retter endlich unterwerfen mit den Worten:

> *»Was soll ich tun, Herr?«* (Apg 22,10)

Die **»gesammelten Sprüche«** sind wie **»eingeschlagene Nägel«**. Sie dringen uns ins Fleisch und sitzen fest, sie fahren uns wie Pfeile ins Herz (Apg 2,37) und lassen uns rufen: *»Was sollen wir tun, liebe Brüder?«* Diese **»gesammelten«** Worte sind von einem Herrn eingegeben. Darum sind die Worte nicht allein scharf, sondern auch

102 Sprüche 25,1

schön. Die einzelnen Sprüche sind gesammelt und in wundersamer Ordnung aneinander ausgerichtet, und jeder einzelne Vers ist in vollkommener Weise zum Ganzen in Beziehung gesetzt. Was anderes ist der ganze biblische Kanon des Alten und Neuen Testaments?

12 Und überdies, mein Sohn, lass dich warnen: Des vielen Büchermachens ist kein Ende, und viel Studieren ist Ermüdung des Leibes.

»Mein Sohn, lass dich warnen«: Salomo ist aus Schaden klug geworden. Lasst uns klug werden ohne Schaden, indem wir seine Warnung beherzigen.

Salomo hat zur Quelle zurückgefunden. Er hat lange und viel studiert und ist dabei nur müde geworden. Warum sollten wir zuerst müde werden, ehe wir vom eitlen Jagen nach Wissen und Weisheit lassen? Wer die Sprüche des einen Hirten kennt, der fragt nicht mehr nach den Büchern menschlichen Wissens. Sie sind ihm fad geworden, eine zu schale Kost für die unsterbliche Seele. Er hat gelernt, dass das Herz nur in Gottes lebendigen Aussprüchen zur Ruhe kommt. Die Väter in Christus haben darum zu allen Zeiten die Söhne gewarnt: **»Viel Studieren ist Ermüdung des Leibes«**. Es ist eine Plage für den Geist und es ist ein eitles Haschen nach Wind.[103]

Zerbrich den Kopf dir nicht so sehr;
Zerbrich den Willen, das ist mehr.

(Matthias Claudius)

Alles, was die Welt zu bieten hat, ist bloße Titelseite ohne dahinterstehenden Gehalt. Es ist Schein und hat kein Wesen. Alles, was uns Gott in seinem Sohn bereitet und in seinem Buch geoffenbart hat, ist Substanz, ist wahres, unvergängliches Wesen. Sollten wir nicht unseren Willen unter seinen Willen stellen? Es wäre unser Glück.

103 So lange es ein Studieren um des Studierens willen ist, so lange als alles Streben nach Wissen und Bildung nur innerweltliche Ziele verfolgt. Siehe auch oben zu Kapitel 2,13.14.

Das Endergebnis des Ganzen:

13-14 Das Endergebnis des Ganzen lasst uns hören: Fürchte Gott und halte seine Gebote; denn das ist der ganze Mensch. Denn Gott wird jedes Werk, es sei gut oder böse, in das Gericht über alles Verborgene[104] bringen.

Hier fasst der Prediger **»das Endergebnis«** der ganzen Predigt zusammen. Höheres können wir nicht lernen, als Gott zu fürchten. Höheren Lohn kann kein Streben bieten als die Gottesfurcht:

> *»Die Folge der Demut, der Furcht des HERRN, ist Reichtum und Ehre und Leben«* (Spr 22,4).

Das Ende des Buches verweist uns auf die Ewigkeit, nachdem es mit der Zeit, nämlich mit dem Leben unter der Sonne angefangen hatte. Es ist in dieser Welt alles Eitelkeit, ja, allergrößte Eitelkeit. Wir sind aber nicht berufen, ewig in dieser Welt zu sein. Gott hat die Ewigkeit in unsere Herzen gelegt, denn er hat uns für die Ewigkeit geschaffen. Es wird der Tag des Gerichts kommen und mit ihm der Tag der Ewigkeit. Wenn unser Herz mit diesem Tag verwoben ist, werden wir Gott fürchten und seine Gebote halten, und während wir es tun, werden wir feststellen, dass das »der ganze Mensch« ist. Warum **»der ganze Mensch«**? Weil er in der Gottesfurcht beides findet:

> *»Die Gottseligkeit aber ist zu allen Dingen nütze, indem sie die Verheißung des Lebens hat, des jetzigen und des zukünftigen«* (1Tim 4,8).

Der ganze Mensch, das ist der äußere Mensch, der in dieser Welt lebt, und der innere Mensch, der seufzend aber froh (2Kor 5,4-7) auf die kommende Welt wartet. Er kann mit frohem Mut warten, weil er das kommende Gericht nicht fürchten muss, auch wenn, oder besser: gerade weil er weiß, dass **»Gott jedes Werk, es sei gut oder böse, in das Gericht über alles Verborgene bringen«** wird.

---

104 1. Korinther 4,5; 2. Korinther 5,10

In der Gottesfurcht finden wir Freude an den guten Gaben des Schöpfers, die er uns täglich gibt, solange unser eitles Erdenleben währt, und in der Gottesfurcht finden wir jene Freude, die nicht von dieser Welt ist:

> »*Welchen ihr, obgleich ihr ihn nicht gesehen habt, liebet; an welchen glaubend, obgleich ihr ihn jetzt nicht sehet, ihr mit unaussprechlicher und verherrlichter Freude frohlocket*« (1Petr 1,8).

Archimedes 33
Aristippos 75
Augustin 38, 61, 66, 82, 130
Buddha 74, 75
Charles Bridges 8, 14, 26, 52
Martin Buber 76, 135, 149
John Bunyan 30, 91, 131, 134
Jakob Burckhardt 45
Johann Calvin 104
William Carey 50, 54
Matthias Claudius 47, 157
F. Dostojewski 65, 66
Friedrich Dürrenmatt 41, 109
Epikur 75
Nils Ferlin 37, 38
Johann Gottlieb Fichte 33,34
John Flavel 112
Paul Fleming 72
Sigmund Freud 37, 64
Paul Gerhardt 87, 148, 153
John Gill 12
Johann Wolfgang Goethe 43, 50
Andreas Gryphius 102, 153
Hegel 45, 61, 75
Hegesias 75
Heinrich Heine 33, 45, 74, 83, 124
Matthew Henry 28, 51, 127, 155
Aldous Huxley 99
Franz Kafka 17
Immanuel Kant 43
Gottfried Keller 40
Sören Kierkegaard 56,64
Nikolaus Lenau 13
Gottfried Lessing 44
Georg Christoph Lichtenberg 80, 109, 137
Martin Luther 31, 36, 48, 76, 80, 87, 112, 118, 135, 149
Thomas Manton 114
Henry Martin 54
Menander 74
Eduard Mörike 41
Georg Müller 37
Friedrich Nietzsche 38, 47, 75, 150
Novalis 78
Blaise Pascal 45, 134
Boris Pasternak 40
Jean Paul 82
Matthew Poole 76
Dora Rappard 104
Johannes Rist 89
Johann Andreas Rothe 67
Jean-Paul Sartre 61
Sokrates 44
Friedrich Schiller 38
Arthur Schopenhauer 74, 75
Louis Segond 36, 56, 70, 71, 76, 80, 118, 135, 152
William Shakespeare 40, 56
C. H. Spurgeon 12
Thales 74
George Whitefield 63
Oscar Wilde 107